DE BUENOS BANQUEROS
A MALOS BANQUEROS

从好银行家到
坏银行家

银行业风险识别与监管

阿里斯托沃洛·德·胡安（Aristóbulo de Juan）◎著

原中国银监会首席顾问　沈联涛◎译

中国金融出版社

责任编辑：张智慧　王雪珂　　责任校对：李俊英　　责任印制：张也男

北京版权合同登记图字01-2021-1614

《从好银行家到坏银行家》一书中文简体字版专有出版权属中国金融出版社所有，不得翻印。

图书在版编目(CIP)数据

从好银行家到坏银行家 /（西）阿里斯托沃洛·德·胡安著；沈联涛译.
— 北京：中国金融出版社，2021.3
ISBN 978-7-5220-1072-4

Ⅰ.①从…　Ⅱ.①阿…②沈…　Ⅲ.①银行危机—研究　Ⅳ.①F830.22

中国版本图书馆CIP数据核字 (2021) 第053390号

从好银行家到坏银行家
CONG HAOYINHANGJIA DAO HUAIYINHANGJIA

出版
发行　**中国金融出版社**

社址　北京市丰台区益泽路2号
市场开发部　(010) 66024766，63805472，63439533 (传真)
网 上 书 店　www.cfph.cn
　　　　　　(010) 66024766，63372837 (传真)
读者服务部　(010) 66070833，62568380
邮编　100071
经销　新华书店
印刷　保利达印务有限公司
尺寸　169毫米×239毫米
印张　13
字数　160千
版次　2021年11月第1版
印次　2021年11月第1次印刷
定价　59.00元
ISBN 978-7-5220-1072-4
如出现印装错误本社负责调换　联系电话 (010) 63263947

译者序

　　20世纪80年代末，世界银行开始审视金融发展的经验教训，发现不仅发展中国家的商业银行、政策性银行纷纷陷入了破产的泥沼，发达国家的也一样。在整个80年代，超过25个发展中国家进行了大规模的金融机构破产重组。一旦金融业不能正常运作，各种经济社会发展问题便会接踵而至。时任世界银行首席经济学家的斯坦利·费希尔（Stanley Fischer）临危受命，带领一个工作组在世界范围内广泛传播这一信息，并以"金融体系与发展"为主题起草了1989年度的《世界发展报告》。

　　该报告由世界银行研究局金融政策与制度处处长米勒德·朗（Millard Long）以及赵润济（Yoon Je Cho）、迪米特里·维塔斯（Dimitri Vittas）和芭芭拉·卡夫卡（Barbara Kafka）等共同执笔。为获取全球各地的宝贵经验，一系列研究企划和研讨会作为起草工作的一部分得以开展。1989年10月，我有幸加入金融政策与制度处，学习问题银行破产与重组的国际经验。彼时，阿里斯托沃洛·德·胡安已是该团队的重要成员了。他是来自西班牙银行的杰出银行家，对银行偿付能力问题以及银行、监管机构两方面的失灵具有深刻洞见。他带头对当时占据主流地位的传统观点提出质疑：传统观点认为"放松管制"与"合并"是治疗银行业危机的灵丹妙药；而他强烈主张建立以资产评估和真实现金流为核心的问题银行识别和处置机制，以彻底解决银行业存在的痼疾。他完全改变了世界银行诊断和治疗问题银行的工作模式，也因此在全球范围内获得了极高的赞誉。

1989年度的《世界发展报告》是开创性的，揭示了金融危机的多种可能诱因，其中既包括微观和机构层面的原因，也包括政策失误、利率与汇率扭曲以及政治失败等方面的原因。米勒德·朗（Millard Long）在艾伦·盖尔布（Alan Gelb）（后成为世界银行非洲地区首席经济学家）的协助下，领导了一支由金融领域最杰出的思想家和实干家组成的团队。此后，米勒德本人继续担任俄罗斯与东欧金融改革顾问。该团队成员之一的帕特里克·霍诺汉（Patrick Honohan）后来成为爱尔兰银行行长，在世界银行的所学使他在2009—2015年成功扭转了爱尔兰银行体系的局面。杰里·卡普里奥（Jerry Caprio）进入布朗大学任教，撰写了许多金融与金融监管方面的著作。赵润济（Yoon Je Cho）曾任数位韩国总统的经济顾问，现任韩驻美大使。罗斯·莱文（Ross Levine）目前于加州大学伯克利分校任教，潜心钻研金融与经济增长的关系，以及监管政策在危机形成机制中发挥的作用。来自土耳其的埃斯里·德米尔古克-肯特（Asli Demirgüç-Kunt）现任世界银行研究局局长，她成功推动了金融发展数据库的建立。斯坦利·费希尔（Stanley Fischer）则历任国际货币基金组织副总裁、以色列银行行长以及美联储理事会副主席等要职。

这些来自不同国家、拥有不同职业经历的团队成员合作无间，学术气氛异常活跃，每名团队成员都为"金融为什么重要"这一宏大论题贡献了自己的观点。那时完成的许多工作成果，对分析后来的1997年亚洲金融危机甚至2007年国际金融危机，仍具有重要的启发价值。

阿里斯托沃洛是一位寡言君子，而他为金融政策与制度处所撰写的论文——《从好银行家到坏银行家》（*From Good Bankers to Bad Bankers*）却在世界范围内获得了巨大反响，被世界银行和那些曾在世界银行协助下进行过银行业改革的新兴市场国家奉为圭臬。他对银行的不当经营行为、违规会计操作以及掩盖亏损的招数洞若观火。从拉丁美洲到苏联国家，他的演讲总能让人屏息凝听，因为他不仅会向听众晓示关键性常识，并且会分享饱含经验与智慧凝结成的真知灼见，还总是异常诙谐风趣。他是一位卓越的西班牙绅士，是一位正直、睿智、积极入世的哲学家与值得信赖的朋友。在世界银行为其举行的欢送会上，米勒德·朗说："阿里斯托沃洛留给我们的东西非常宝贵。要对一个庞大的官僚机构作出改变非常困难，但阿里斯托沃洛在不到两年的时间里改变了世界银行的工作范式。"重返西班牙后，阿里斯托沃洛先后为三十多个国家的政府及其主要银行提供过咨询。2008年，欧债危机后不久，西班牙银行体系再次陷入危机。他曾一再提醒西班牙央行：拖延、不彻底或不切实际的危机处置将贻害无穷。如今，他仍是一位活跃的顾问、撰稿人与演说家。

在阿里斯托沃洛87岁生辰之际，他将自己的作品集结成册，并以西班牙语和英语出版。我强烈建议他出版本书的中文译本，这样他的读者范围就能进一步覆盖全球最大的银行体系。

本书是一本历久弥新的经典之作，可伴随银行家、监管者和政策制定者历经岁月浮沉，因为只要存在银行，银行危机就在所难免。阿里斯托沃洛·德·胡安曾担任银行家、监管者、学者以及分析师，多次亲历"危机—重组—复苏—危机"的循环周期。这本智慧的手册向我们展示了一名优秀的银行家是如何在一次次逾越金融纪律、掩盖银行亏损的微观与宏观决策过程中逐步走向堕落的。"亏损翻倍规律"只是本书所构建的实用的银行业监管宝库中的瑰宝之一。对于所有怀揣抱负的银行家和监管者而言，本书是必读之作，哪怕仅仅是为了将自己从当前过度复杂的技术术语的迷雾中拉回现实。

阅读本书，监管者和金融经济学家们无须借助巴塞尔协议Ⅲ等现代监管规则所需要的大量技术术语和数据就能理解，破产最终是由糟糕的企业文化和不同层面的政治失败所导致的。本书的任何一章都将提供有关问题银行识别与处置的真知灼见。

在这个领域里，再没有比本书更值得推荐的读本了。

沈联涛

原中国银监会首席顾问

目录

序

　　我建议大家以开放的心态来阅读本书对银行、银行业以及危机管理和银行重组所带来的复杂的行业转型所做出的非凡诠释。银行处置的派生后果往往非常惨烈，并难以在事前预知。将银行从自身经营不善所酿成的恶果中解救出来，肯定不是对失败的奖励；从避免损害整体经济、储户和纳税人（尤其是避免损害纳税人）以及防范对支付系统和总体信心造成不利影响的角度看，这实际上是一种审慎的做法。对问题银行的救助不是为了帮助银行家脱困，确切地说，是为了保护那些未参与不良治理的善意存款人的利益。

　　本书所收录的文章按照写作时间排列，是阿里斯托沃洛·德·胡安多年来的银行业从业经验的集合。阿里斯托沃洛还加入了其个人对相关问题的深刻反思，并据此得出了许多具有说服力的推论，这些推论对防范或减轻未来的银行危机大有裨益。我无法决断本书最精华的部分是阿里斯托沃洛所推荐的问题银行处置方案，还是每个章节所提出的预防性建议，因为所有这些都围绕本书的主旨问题提供了机智而敏锐的解决方案。

　　本书（包含一系列针对不同受众的演讲、报纸评论与论文）从一种既正统又具有批判性的视角，为银行家和监管者同时提供了行为准则。本书也将吸引对银行业的商业逻辑与社会影响感兴趣的非专业读者，因为它展示了专业银行家、银行业务（虽定义简单，但细节庞杂）以及监管者的良好做法和不良做法。事实上，所有金融监管的参与者都将乐于阅读本书，更不用说政客与立法者了，后者常常需要快速做出重要决策，却不时受到一些无稽之谈的阻扰。

作者经验老道，正如本书前言所说，他在银行业中成长，历任私人部门与监管部门的要职。20世纪70年代，他成为西班牙大众银行（Banco Popular Español）的高管，后者当时由路易斯·巴利斯（Luis Valls）掌管，在业内出类拔萃。事实上，巴利斯兄弟会不时地亲自向阿里斯托沃洛寻求帮助。在业界亲身体验后，他又成功扮演了危机管理者、监管者、国际顾问、教授以及思想传播者等多种角色，当然，在所有这些角色中，他都只忠于自己的内心。

在取得了优秀银行家的声誉后，阿里斯托沃洛接受西班牙银行委托，帮助其处理20世纪80年代初的信贷机构危机。该次危机的发生完全在西班牙监管当局的意料之外，造成约50家信贷机构的破产，凸显了监管当局法律、金融监管工具与监管经验的严重匮乏。彼时，西班牙正处于国内政治的艰难时期，创新显得十分冒险，采取任何救助重组或再私有化措施都必须向当局和公众给出合理解释。然而，阿里斯托沃洛选择了抓住时机大胆创新。

在团队的支持下，阿里斯托沃洛谨慎、务实地勉力工作，确保全部的决策都妥善记录在册，竭力避免任何专横或傲慢的嫌疑，以及未来可能遭到的马后炮式的批评。这是危机管理者面临的普遍问题——他们所采取的措施会在将来持续性地受到来自各界的事后评判，而这些事后评判所依据的事实和观点在事件发生之时可能根本无法想象。一位前辈曾忠告他："要确保多年过

去、物是人非，你仍可为当年所做之事给出合理解释。"阿里斯
托沃洛成功做到了这一点，因为他既勇敢又谨慎。

在他离开西班牙银行时，时任西班牙银行行长的马里亚
诺·鲁维奥（Mariano Rubio）这样评价他："阿里斯托沃洛管理
政府资金就像管理自己的钱一样。"当天的银行管理委员会会议
纪要写道，"德·胡安先生最突出的两大品质是，他在寻找银行
危机解决方案方面的天赋，以及他在困难时刻所展现出的超越技
术层面的才能、毅力和勇气。他的热忱和奉献精神在检查总局创
建初期发挥了重要作用。他离开时，这个部门已经训练有素，可
将他一手建立的工作方式良好地维持下去"。

尽管缺乏必要的法律、金融和专业工具，阿里斯托沃洛仍努
力使20世纪80年代的西班牙危机得到了有效处置，该次危机中对
一些问题银行的处置经验让其他国家也从中受益。就我个人看
来，这些宝贵经验在西班牙当局处理当时的危机时未被受到足够
的重视。西班牙储蓄银行的崩溃使西班牙金融体系的三分之一遭
到破坏。就在危机爆发前夕，这些储蓄银行表面看来还十分健
康；但事实上，金融渠道、贷款账户以及所有权和管理模式已经
出现紧张迹象，监管疲弱又使问题进一步加剧（这些因素不仅引
发了危机，还推高了处置危机的成本）。

作者在漫长的职业生涯中逐渐形成了其自身独特的反危机策
略和方法论。本书对他在实践后的反思（关于预防与管理银行危
机的一些推论）进行了进一步的提炼。作者认为，对危机进行预
防和管理远比在危机后筹措资金更为重要。

阿里斯托沃洛的认知风格极有条理。他将危机前后的每个单
独的小问题都视为一整幅拼图中的无数个小碎片，对其进行谨慎

的识别、分析和理解，以建立符合实际情况的全局认知，并以此为基础探索危机处置中的复杂决策。

本书的第一章《从好银行家到坏银行家》首次发表于1986年，但该文所包含的观点在作者于20世纪80年代初向问题银行股东提交的报告中已有述及。该报告主要建议股东们通过变更管理层与开展"手风琴交易"等方式来挽救局面。这一章最重要的论点是，周而复始的银行业危机并不一定是由经济危机或衰退引发的，而往往是由一系列越发糟糕的经营决策（不当经营行为—做假账—孤注一掷的冒险行为—彻头彻尾地欺诈）所导致的。在经历以上四个阶段后，"好银行家"将沦为"坏银行家"，与此同时，银行也将滑入资不抵债的深渊。为避免这一局面的发生，文中提出了一些切实可行的解决方案。作者对四阶段分析框架的精妙提炼得益于其丰富经验与远见卓识，这一分析框架在今天依然有效。

第十二章《问题银行处置的实践经验》写于2017年，是阿里斯托沃洛对其50年个人从业经验的总结。文章沿袭了1986年的基本思想，但添加了2007年危机中使用的一些"最新技术"。基于最新证据，文章揭示了"规制"（regulation）、"监管"（supervision）和"处置"（resolution）三个环节的紧密联系：银行业管控的整体水平取决于三者中最薄弱的一环。

阿里斯托沃洛在书中回顾了一些他自20世纪80年代以来创造出的概念。如"常青"（evergreen）贷款，用于比喻那些假装可以继续产生利息并能够被清偿的不良贷款。显然，将不良贷款"常青化"的做法就如同将污垢扫到地毯下一样自欺欺人。正如作者所说，除非立马"更换新的扫帚"（译者注：意指更换管理者），否则这种操作终将致使银行破产。

作者提出的另一个重要论点是"亏损翻倍规律"，即实际亏损通常要在银行自身上报的亏损数额上四次翻番——银行管理层估算的亏损通常较为轻微；审计报告的数额通常会在其基础上翻一番；监管者估算的数额会再翻一番；处置过程中所确定的数额又要翻一番；最终购买问题机构的"白衣骑士"所确认的亏损通常还要再翻一番。"亏损翻倍规律"在很多情况下都成立，印证了银行业的一条本质特性：一旦一家银行被识别出存在流动性问题，那么其必定已经资不抵债了。

阿里斯托沃洛已86岁高龄，却依然保有50岁的心智能力，他对2008年国际金融危机的根源和危机后国际金融改革所提出的批判或许是本书最具价值的内容。他认为，本轮危机尚未结束，仍有大量的清理工作有待完成。本轮危机的主要诱因是流动性过剩，流动性过剩往往会导致资不抵债潜滋暗长，因为后者往往可在不计后果的持续增长下得以隐藏。流动性仅能为问题银行提供短期内的喘息空间，却无法将其彻底治愈；不勇敢手术的结果终将是养痈为患。此外，本文的一个潜在论点是，不良资产拨备不足会降低处置不良资产的动机。持有无法产生实际回报的资产只会挤占稀缺的资本，并导致进一步亏损，注定走向破产。

本书对最近的数学建模、外部审计和压力测试等监管工具的批判也极具启发性。这些新的监管工具不仅未达成预期效果，还带来一些非常负面的未预后果——因为"未知的未知"无法通过基于先验信息构建的算法来预测。同时，事实证明，时下流行的以强化治理取代监管的时髦观点可能是在自欺欺人。

阿里斯托沃洛强调现场检查的重要性，主张对贷款文件进行抽样以验证现金流（利息、拨备、还款与储备）的真实性，并核查财务报表中所确认的资产和信贷回报的价值是否公允。他强调，一方面，资不抵债必须得到有效处置（使用现金、留存收益或当期利润等各种形式的资金）；另一方面，尽管为资不抵债的银行提供资金非常重要，但这并非最终目的，只有在事前进行严格的会计核算和真实的资产计量，有效避免银行陷入资不抵债，才能最终减轻纳税人的负担。作者强调，"利润为王"。他还告诫读者，对股本不足或质量较差的实体直接进行资本重组（recapitalization）并未真正注入资本，这种捷径行为具有欺骗性。最后，他还强调，撤换破产机构的管理层至关重要，他们必须被替换为具备必要经验和诚信度的"适格"（fit and proper）业者。

总之，本书非常实用。其结论既有理论基础，又具经验支撑。尽管阿里斯托沃洛未提出任何学术主张，但他的所有发现都经过了实践的反复验证，实证效度显而易见。此外，本书措辞清晰而精准，读来本身就是赏心乐事。

费尔南多·冈萨雷斯·乌瓦内哈

（Fernando González Urbaneja）

西班牙著名金融评论家

前言

　　本书是我在过去30年间（1986—2017年）所发表的有关银行业及其病状的著述的精选集。出版本书最初是我的一位好友与同事的建议，一开始我并未接受。但现在，我的职业生涯已届尾声，我认为是时候写下我的所见所思以警后人了。在这部精选集中，我并没有纳入那些过分聚焦于时事的文章，而是挑选了一些在过去、现在和将来都能引发共鸣的文章。本书是为学者、商学院、银行家以及监管者（尤其是为监管者）准备的一本简单明了的小册子。本书的写作完全基于经验，而非在落满灰尘的大部头中皓首穷经。

　　1963年，在完成法学和经济学的学习后，我几乎在无意间进入了银行业，自此便在这个行业中度过了50载春秋。幸运的是，这50年间，我有机会从不同并互补的角度对金融体系的运作进行近距离观察。在职业生涯初期，我在西班牙大众银行（Banco Popular Espanol）商业银行部任职。该银行当时由路易斯·巴利斯·塔伯纳（Luis Valls-Taberner）掌管，彼时，那是一个杰出的银行学院。担任巴利斯·塔伯纳的助理，并掌管集团下属6家银行及其金融子公司（全都运行稳健）多年后，我最终成为大众银行的首席执行官。我曾在几乎所有部门定期轮岗，深度参与了大众银行的现代化进程：从20世纪八九十年代的一家规模不大但颇受尊敬的本地机构成长为全球盈利能力最强的银行之一。与此同时，这段职业经历也使我潜移默化地学会了管理银行的正确原则。

1978年，在担任大众银行首席执行官时，我接受了西班牙央行和银行界的请求，帮助它们解决当时迫在眉睫的银行业危机（该次危机后持续至20世纪80年代），自此开启了在西班牙央行体系服务的9年时光。起初几年，我担任"银行公司"（Corporacion Bancaria）的首席执行官，该机构是西班牙银行存款担保计划的前身，被媒体称作"银行医院"。随后几年，我任职于西班牙银行检查总局，即今天的监管总局，负责对大约350家西班牙银行、储蓄银行和信用合作社进行现场检查。我带领团队共识别和处置了约60家已资不抵债却伪装依然盈利的银行。其中包括对鲁马萨集团（Rumasa Group）旗下20家银行的国有化处理——那是非常具有戏剧性的一幕。在当时的环境下，危机管理者必须要进行激进的决策，创造新的工具，并勇于承担风险。在缺少资产评估规则以及一般公司法之外任何专门立法的情况下，我与我的团队最终完成了该次重组。

对于我而言，西班牙央行是一所非常专业的学校。在那里，我观察到了比在任何其他地方多得多的银行实践（好的与坏的，大多数情况下是后者）。简而言之，我知道了什么是不该做的。这种逆向思维模式是对我已有知识的有益补充。自此，我开始有意识地不断强化这种思维模式。

在西班牙央行系统度过了不平凡的9年后，我接受了世界银行的聘请，成为了世界银行的一名金融事务顾问——世界银行密切关注西班牙危机，并希望将其处置经验在国际上推广。短短三年间，我亲赴多个国家对其金融系统（不再只是单家银行）进行考察，建议那些存在严重问题的国家改革法律、创建新的监管工具。当然，并非所有国家都愿意做出改变。在这期间，在上级领导孜孜不倦的鼓励下，我还抽出时间撰写文章，并在相关会议和活动中发表演说。他们希望我能为世界银行留下一些思想"遗产"，为规制（regulation）和监管（supervision）建立起一系列"基本规则"，以克制"蒙昧主义"，并通过破产机构重组和出售确保银行救助的实效，从而彻底解决问题并防止复发。在这里，我的工作从对单体银行问题的个案诊断，升级到了对整个金融体系进行改革，我接受的职业教育也步入了一个新阶段。

政府极少会全心全意地接受我们的建议和偶尔提出的请求。然而，当多年后再回到相关国家时，我经常会发现，我们的观点已然成为当地良好实践的基准，并已渗透到了相当深的程度——这在当初根本无法想象。

可以说，世界银行的9年彻底改变了我的公众形象：在西班牙大众银行的15年使我在起初被视为天主事工会成员；而在西班牙央行体系的9年使我在许多人眼中成为了西班牙社会党的同情者，尤其是在鲁马萨集团被国有化之后。虽然我丝毫不因这些所谓的隶属关系感到羞愧，但这两种形象都不完全准确。实际上，我从未在意识形态上偏右或偏左，我认为这有些狭隘。我从始至终都只是一个努力工作的专业人士。

1989年末（大约28年前），我觉得是时候回西班牙去分享我在世界银行所学到的东西了，于是我在马德里成立了这家目前仍在运营的咨询公司。

在以上所有活动的间隙中，我为四个大洲上若干国家的银行系统提供过服务。我参与过立法设计、监管法规和监管体制的改革、银行和政府报告的起草，并发表了不少文章。我曾在美国和英国的数家一流大学的研讨会上授课。我还曾在美联储举办的多次会议与两年一度的"国际银行高级监管人员研讨会"上发表演讲，后者是我在美联储、国际货币基金组织和世界银行的支持之下促成的。这项活动开始于1988年，至今仍在进行中。我也撰写了许多关于西班牙金融危机的新闻报道，尽管这些短文并未为本书收录。

一直以来，我写作都是为了影响银行家管理银行的方式，以及当局处理金融问题的方式。本书所收录的文章具有很强的互补性，它们全都经受过时间的考验，在今天仍具有现实意义。

全书主要章节摘要如下：第一章描述了银行家们为拖延处理银行问题而频频踏上的一条每况愈下的不归之路，道路的尽头通往资不抵债甚至公开欺诈。第二章是对1978—1985年西班牙银行危机的述评，该文对被其他作者所忽略的一系列机制进行了描述。第三章分析了诱发或加剧银行危机的微观管理因素。第四章分析金融改革中可能遇到的误区和陷阱（"假朋友"）。第五章考虑坏银行家掩盖他们的亏损。第六章指出，即使在制度和机构结构较为健全的情况下，仍存在一些对危机处置造成严重阻碍的因素。第七章简要回顾了危机时期银行家与监管者普遍存在的不符合金融伦理的态度与行为。第八章指出，泛滥的流动性和不计后果的增长是导致资不抵债的主要原因。第九章简要介绍了我在2009年为2007年西班牙金融危机所提出的处置方案。这些方案最初为西班牙央行所欢迎，但由于种种原因未被采纳。第十章指出了一些严重影响欧洲银行业联盟发挥作用的问题。第十一章对普遍存在的以金融和政治稳定为借口不愿对处置资不抵债的现象进行批评。第十二章对我多年来专业实践所积累的主要经验进行了总结。

在所有这些章节中，我一直在尽力强调有效与无效的监管工具和机制之间存在的差异——这种行为有时甚至被认为是自讨苦吃。这种坚持的原因在于：无效的措施往往会给金融体系带来更高成本更多的问题，对整体经济造成严重损害。

为何在此时出版本书？虽然许多人认为危机终于结束了，但还有一些人（包括我在内）认为当前仍须保持警惕，因为余震依然存在。西班牙央行声誉遭到重创，欧洲单一监管机制屡遭挫折、步履维艰。当前，危机的余波已与各国央行货币政策所带来的扭曲、泡沫、道德风险混合在一起，并已经过一定时间的发酵，新一轮的金融动荡即将来临。在我看来，当前恰是反思的好时机。

本书的书名从何得来？（译者注：本书原文标题为《从好银行家到坏银行家》）。很简单，这是我于1986年11月写于华盛顿的一篇论文（本书的第一章）的标题。彼时，我刚从西班牙银行来到世界银行，正在膝盖手术后的康复期。这篇文章中，我将一系列不当的银行经营管理行为比作一条光滑的斜坡，即使是最优秀的银行家，踏上这条斜坡之后也可能会跌入万劫不复的深渊。文章发表后旋即产生了巨大的国际影响，至今仍被广泛传阅。当我首次抵达某个国家的时候，常会听到这样的称赞："您的名字在这儿众所周知。"倘若真是这样，那应该就是这篇文章的缘故。1986年的世界银行里几乎没有真正的银行家，随处可见的是基础设施专家和资本市场奇才。这些同事在礼貌地倾听我的推理后，通常持保留态度。他们向我保证："当了解了我们国家的实际情况后，您的想法就会改变。"就是在那时，我决定趁着记忆还清晰，将我在西班牙的经历记录下来，以便与其他国家的情况进行对比——这便是第一章写作的缘起。离开西班牙银行后，在世界银行与我本人创办的咨询公司工作间隙中，我为大约30个国家的银行体系提供过服务。我发现，资不抵债在世界各地都非常相似。正因如此，在30年后的今天，我认为这篇文章仍不过时。目前，它已被译成十种语言，在世界各地广为传播，并被很多国家的监管机构，甚至一些国际监管机构奉为必读手册。第一章所提出的一些基本概念也在本书之后的章节中得到进一步的讨论与回应。

本书应该如何结尾？同电影剧本一样，精彩的结尾非常关键。在本书的最后，我决定对我所习得的所有实用经验进行整合，虽然这可能会与之前的章节有一些重复——这就是本书第十二章《问题银行处置的实践经验》的写作缘起。其后又增加了一篇关于不良贷款的论文，以描述欧洲银行业存在的严重问题。最后一章是我向西班牙议会会议提交的我对于最近的西班牙危机的见解。

前言结束前，我想再重申一下本书与大多数以金融危机和银行业问题为主题的书籍的关键性差异：本书所提出的观点并非基于学术研究，也并非基于他人作品和意见的启发，写作灵感完全来源于我个人的直接经验。书中所采用的方法从根本上说是经验主义的：基于对个案的直接观察所得到的结果，从特殊到一般的归纳推理得出结论。用西班牙前财政部长米格尔·博伊（Miguel Boyer）的话说：具体和微观构成一般和宏观（尽管可能无法轻易得出一般性的宏观经济思想）。此外，本书不仅采用了技术性的方法，还从"行为"的角度对主题进行剖析，以揭示人性、心理和个体行为在商业和银行业中发挥的重要作用。

最后，我想以一则轶事作为结尾，这大概可以概括读者对我作品的普遍反馈。2000年的某个时候，我在墨西哥城（我偶尔以顾问的身份在那儿工作）的一场大型公共活动中偶遇当时的墨西哥财政部长、现在的经合组织秘书长安吉尔·古瑞亚（Ángel Gurría）。看到我，他吃惊地大喊："老兄，阿里斯托沃洛！我们的良心！"

总之，本书是我在过去30年间发表著述的精选集，章节按照写作时间顺序排列。本书旨在揭示，导致资不抵债与金融危机的微观与机构问题的现象在所有国家几乎完全一样，在未来也极有可能仍是如此。在我看来，本书的所有观点都经受住了时间的考验，读者可以在每章的后记中看到这一点。在过去40年间，我为约30个国家的政府提供过解决银行业困难的咨询，相信自己对一些重要议题的思考在今天依然合理、有效。本书在编撰过程中尽量保持了每篇文章的原貌，虽然这样可能会造成一些重复，但我坚信对核心观点的强调往往是有益的。这些观点至今仍然被许多国际组织中的专家高度重视，他们中的一些人几乎将这些观点当成了一种思想流派。

阿里斯托沃洛·德·胡安

01
CHAPTER

第一章

从"好银行家"到"坏银行家"①

---

① 本文写于 1986 年，最初作为世界银行内部工作论文发表，后获得持续关注，并被翻译成十国语言（包括俄语和中文）。2002 年，本文由世界银行和牛津大学出版社公开出版。

"德·胡安先生，请看，这个国家所有银行都已破产，但它们却全都宣布盈利，并且依然在向股东分红。"

"此外，每一位部长都认为他拥有这个国家的银行中的一家，并且这家银行会一直不停进账。"

————一名主要西方国家的央行行长（1987年9月）

"当运营良好时，银行账目会较为透明；而当出现问题时，银行账目会被人为篡改。"

————阿里斯托沃洛·德·胡安

1. 引言

本文无意成为一本需要严格遵守的手册，或对银行家的行为做出任何道德判断。本文所提出的"好银行家—坏银行家"的转变模型，是基于对现实情况的归纳和提炼。这一模型所揭示的现象在过去、现在、将来，都在世界各地（包括发展中国家与发达国家）不断重复发生。

与那些将金融危机仅归因于宏观经济因素的理论相反，本文强调，银行管理是所有银行业危机的重要因素（更不用说无效的监管了），并可能诱发或进一步加剧损失和经济扭曲。本文还强调，即使是最优秀的银行家（"好银行家"），当遭遇麻烦时，他们的态度也很可能会逐步恶化，最终沦为糟糕的银行家（"坏银行家"）。

经营不善与监管低效不仅可能诱发单家机构的危机，也可能诱发整个或大部分银行体系的系统性危机。当然，危机也可能是由经济动荡、不适当的货币或汇率政策和/或突然放松管制所造成的。但即使在后一种情况下，基于管理水平的差异，也有"好银行"与"坏银行"之分。高水平的管理能使"好银行"在宏观问题中生存下来，并保持相对健康；而即使在稳定时期，低水平的管理也会使亏损与资源错配的状况恶化并加剧通货膨胀，导致爆发严重危机。因此，仅对金融危机采取宏观经济补救措施，而不采取微观与机构层面的补救措施，可能最终收效甚微，甚至适得其反。

银行监管是预防或降低因经营不善所带来亏损的关键因素。这里说的监管包含规制（regulation）、监管（supervision）以及适当的补救措施（remedial action）（从常规执法到机构重组）。如果有良好的规制、监管和补救措施，那么糟糕的管理就不太可能存在；即使存在，也不会太严重或持续太长时间。补救措施可以起到阻断恶化或修复问题的作用。由于恶化往往会不断加速，显然，补救措施越早实施越好。

为简单起见，本文对"好银行家—坏银行家"模型的描述非常概括。

2. 尝试界定"管理"

如上所述，对导致银行倒闭的管理问题进行分析，以及检视如何对其进行预防或纠正非常重要。

美国金融监管当局所创造的"骆驼"评级系统（CAMEL）是世界著名的银行评级系统，其评级结果主要依据为对资本充足性（Capital）、资产质量（Assets）、管理水平（Management）、盈利状况（Earnings）以及流动性（Liquidity）的评估。监管者定期对每家机构在以上五个方面的一系列具体指标进行打分。其中，评估银行管理水平的具体指标如下。

- 资质
- 领导力

- 监管合规
- 规划能力
- 对环境变化的反应能力
- 政策质量和控制政策实施的能力
- 管理团队的素质
- 内幕交易风险
- 继任前景

对以上评价指标的正面反馈可以很好地定义高水平管理。如果所有银行都得到了高水平的管理，那么，破产将只可能是由经济环境所导致的。但即使在这种情况下，规制与监管仍是必需的，这就如同即使驾驶员普遍素质良好，也依然需要交通法规和交通警察。银行业务和驾驶行为的共同之处在于，它们都会给第三方带来风险。

规制和监管缺失或无效会催生以下四类不当管理行为。

（1）技术层面的不当经营（technical mismanagement）

（2）粉饰行为（cosmetic mismanagement）

（3）孤注一掷的冒险行为（desperate management）

（4）欺诈行为（fraud）

这四类不当经营行为通常会按以上顺序依次出现，但也并不必然如此。当技术层面的不当经营行为导致亏损或必须削减股息时，通常会依次引发"粉饰行为"和"孤注一掷的冒险行为"。而欺诈可能从一开始就存在，在"好银行家"不断堕落、最终变为"坏银行家"的过程中起到推波助澜的作用。在整个过程的最后，相关银行将出现流动性问题，与此同时，其可能已失去了数倍资本。

对于非金融机构而言，当出现流动性不足的问题时，其偿付能力可能尚未完全丧失；而对于银行业机构而言，偿付能力的丧失总是先于流动性不足。银行的这种特性是由其资产负债规模、高杠杆经营模式以及其所具有的通过提供高回报率与财务造假来筹集资金的能力所决定的。

3. 技术层面的不当经营行为

技术层面的不当经营行为会在以下情况下出现。

• 当新成立银行的管理人员不适格时；

• 当银行的控制人发生变更时；

• 当过去被妥善经营的银行未能应对市场变化，或没有认清、如实报告恶化局势并采取补救措施时。

技术层面的不当管理包括各种各样的不当商业策略和做法，最典型的是：过度扩张、糟糕的贷款政策、内控缺失以及规划不善。

过度扩张与急速增长是导致破产的主要根源之一。过度扩张意味着发放与银行资本（潜在损失缓冲）不成比例的贷款规模，也可能意味着将业务扩展到不熟悉或不具备足够管理能力的地理区域或商业领域。过度扩张往往建立在"为增长而增长"的心态之上，而这是银行家的通病之一。

糟糕的贷款政策带来的危害可能也是致命的。银行经营管理的关键是要确保储户所有的（而非银行所有的）存款被银行贷出后能产生适当的回报，并能被收回。以下的贷款政策应避免：

（1）风险集中。即向单个借款人、借款人群体或特定部门/行业提供占银行资本较大比例的贷款。这种做法可能是出于银行家的自由意志（其相信借款人会一直状况良好），也可能是迫于压力：当借款人无力偿债，甚至无法支付管理费用时，银行家将不可避免地承受巨大压力。风险集中通常伴随着关联贷款，风险集中并不总会导致破产，但大多数银行破产都是由贷款高度集中造成的。

关联贷款。即银行把钱借给银行家/银行享有（完全或部分）所有权（控制权）的公司或关联公司的情况。由于控制权往往是通过其他子公司或决策关系而间接获得的，尤其是在银行家为实际控制人的情况下，因此，这里采用内涵更广泛的"关联贷款"来指代以上所有情况。超出必要限度向银行家的关联借款人放贷，往往具有欺诈的性质，后文将对此进行详述。在此种情况下，关联贷款的风险非常之高，因为银行家倾向于将银行作为工具倾尽大部分资金来为其本人的企业提供融资，而不管后者是否具有偿付能力。贷款集中化、违约和连续不断的展期在关联贷款中很常见。大多数银行倒闭与关联贷款有关。而向银行实际控制的借款人发放贷款是国有银行（包括开发银行）的惯常做法。原则上，借款人应被视为普通的第三方。对于银行而言，拥有较为分散的股权结构和适当的内部控制对确保这一点至关重要。在实践中，即使关联贷款被限制于银行子公司范围内，仍存在以下危险：

• 银行与子公司之间的股权关系可能会使贷款以较为宽松的标准发放，并导致资本高度集中。

• 由于子公司总能轻松获得信贷，其管理人员的经营态度将逐渐恶化。

• 银行派驻于子公司董事会的代表将与其监督对象（子公司及相关人员）逐渐建立的亲密联系将对信息与控制通路造成阻碍。

• 银行很少会将其对子公司的贷款确认为"逾期"或"可疑"。此外，对国有开发银行而言，短期社会目标和政治压力也可能导致不良贷款和损失（虽然有时并不会被计入账面）。

（2）错配。这通常体现为银行贷款期限与债务期限之间的错配。

期限转换是银行业务的本质功能之一，其得以实现的基础在于货币的可替代性。因此，存款在银行的实际时间可以长于其法定期限；然而，当银行的贷款期限远长于负债期限，或由于被迫展期而变成这样时，就可能会出现严重的流动性问题。虽然因资产负债期限错配而产生的流动性问题能够通过银行间同业拆借得以缓解，但银行也将因此支付过高的利息。并且，若使用固定利率，则银行在期限转换过程中也可能遭受损失——这是所谓的利率风险的表现形式之一。此外，银行业务中还存在另一种严重错配——外汇兑换的错配。

（3）贷款回收不力。这通常源于关联贷款所引发的利益冲突、银行家所承受的政治压力以及潜在的劳工问题等。

内控缺失也有不同的表现形式，最危险的情况包括：①信贷分析与之后的审查程序缺位。对于过于乐观、有碍及时回收的贷款，风险过度集中、不正确的贷款重组评估，信贷分析与审查程序至关重要。②信息系统不完善。完善的信息系统可以赋予管理层对商业趋势作出迅速分析的能力，并且可以对潜在亏损与问题作出预警从而使问题得到尽早解决。③内部审计缺位。内部审计对确保监管法规和内部政策在整个银行的适当实施至关重要。

规划不善。预知能力是一种极为罕见的天赋，但我们仍然可以采用适当的技术来提高它。但规划不善不仅是一个技术问题，更是一个态度问题，它与以下因素密切相关：高管的年龄和/或既得利益、团队精神的缺失，以及主观地认为银行业务永远是安全的、无须进一步完善或适应改变。"我们一直做得很好"，"没有出现过什么严重的问题"，"问题会随时间的推移而解决"，这些都是导致规划不善的典型态度。在经济动荡、竞争加剧以及金融"笼养"等背景下，规划不善的不良后果显而易见。相反，若一家银行密切关注行业发展趋势，合理判断经济与市场前景，它就可以及早进行战略调整以控制损失、乱中求生。

4. 十字路口

在技术层面的经营不善和/或其他宏观或微观因素的作用下，在某一时点，银行可能会发现自己已陷入如下境况：资本逐渐被隐性损失侵蚀，实际利润下降（甚至消失），股息也岌岌可危。在这种情况下，好的监管者与董事会将要求银行公布真实状况，变更管理层，并注入新的资本。而若缺乏适当的监管和/或正直的管理层，则会导致截然不同的情况，即使上述恶化能够得到控制。股息的减少是市场发出的关键信号，表明银行正在恶化，此时，许多银行家会倾向于尽其所能维持市场信心与其对银行的控制——这是一个十字路口。

如果监管者或银行家自此选择了错误的道路，那么银行就注定会被"粉饰行为"和"孤注一掷的冒险行为"吞噬，两者要么一前一后发生，要么同时出现。管理水平将越来越糟糕，组织的文化将极速恶化，市场将会被扭曲，亏损将呈螺旋上升的态势。银行将从此踏上一条不归路。从这时起，银行资不抵债的问题将以几何级数的速度恶化，彼时，清算或重组将成为唯一有效的解决方式。

5. 粉饰行为

粉饰行为是指隐匿历史和当期亏损，以便在寻找和/或等待解决方案的同时争取时间并保持对银行的控制的行为。

尽管隐藏银行真实财务状况的方法有很多，但其核心手段大多可以归结为"颠倒损益表"的手法（如表1所示）。在典型的损益表中（见模型B），第一项是利息收入，最后一项是股息，后者是前者与所有两者之间的科目相加所得出的结果。然而，当股息岌岌可危时，银行家不再将股息作为变量，而是首先为其编造一个固定值，以此为基础构建一个上下颠倒的损益表（见模型A）。模型A中的数字均系编造而来，与事实情况显然不符。

表1　"颠倒损益表"手法

模型A（上下颠倒的）	模型B（典型的）
股息	利息/收入
+未分配利润	−金融成本
+税项	=利差
=净利润	+费用
+拨备	−管理费用
+杂项收入/支出	=营业利润
=营业利润	+杂项收入/支出
+管理费用	−拨备
−费用	=净利润
=利差	−税项
+金融成本	−未分配利润
=利息/收入	=股息

在模型A中，一旦股息被预先设定，为保持既定数值，银行家会首先减少未分配利润。这种行为已来到了"粉饰行为"的临界点，但还算不上"会计花招"。此刻，银行正以牺牲股本为代价维持"良好形象"，任何谨慎的分析师都会对此产生怀疑。但此时，投资者仍可以获得同往常一样的投资回报。

当未分配利润无法被进一步减少时，问题会再次出现。此时，银行家会考虑通过造假行为增加纸面上的净利润，即使这意味着必须支付更多税款。为达到这一目的，银行家可能采取以下四种方式。

- 通过"常青化"程序或设置抵押来减少拨备；
- 将应计呆、坏账计为收入；
- 重估资产；
- 提前确认收入，推迟确认支出。

银行最严重的问题往往不是存在于那些被确认为"逾期"的贷款中，这些贷款往往数额较小，并正在被处置。银行最严重的损失通常隐藏在那些被银行家归类为"流动"或"优质"的资产组合中。这意味着，当银行家为使利润和股息达到特定水平而调整拨备时，他不会将坏账归类为"逾期""可疑"或销账，相反，为了避免贷款逾期，他们会自然而然地重组贷款、为其延长期限，利息将被再融资。这是一个滚雪球的过程，最终将会招致灾难，因为贷款回收变得越来越困难，借款人的谈判地位因银行未能采取有力的回收行动而得到加强，拒不付款的文化也将逐渐形成。在关联贷款与贷款集中的情况下，"常青化"操作尤为常见。

人为减少拨备的另一典型做法是为不良贷款设置抵押，以将其伪装为优质贷款，即使押品的价值不足以覆盖债务或无法止赎。例如，押品上已设置有优先抵押权，押品为当前存在业务或劳工问题的工厂，或押品为发展潜力有限或无发展潜力的房地产。然而，银行家会将押品以能够覆盖贷款本息的价值入账。借款人将再次倍感侥幸。

即便如此，借款人仍可能拥有负资产、当期亏损甚至负现金流，而坏银行家会辩称，他并不必为这些贷款计提拨备，并且时间将会解决借款人的压力。他甚至可能会说，为这些贷款计提拨备超出了税法所认定的支出范围，因此其并非呆、坏账。

上述做法不仅减少了银行家本应计提的拨备金额，并将导致其对利息进行资本化操作，即将经过再融资的利息（事实上将增加亏损）计为收入。因此，"常青化"操作不仅减少了拨备，还增加了应计利息。再看看这时的损益表，银行家已然取得了更好的"利润"。

假设"常青化"仍不能使利润达到理想水平，银行家还有一条出路——对房地产或库存等固定资产进行重新估值。一些立法允许银行在通货膨胀时期对其资产进行定期重估，而不产生额外的税务影响。一些银行利用这一便利，将其资产的账面价值人为抬高（高于其经济价值），从而伪造了额外的收入（新旧账面价值之间的差额）与储备金。最糟的是，一些银行家可能会采用将资产以高于账面价值的价格赊销给银行关联公司的方式实现资产重估，并将正向差额计为收入；而买方却不将负向差额计入其资产负债表中。此外，还有一种实现"重估"的方式是：银行收到的法院拍卖的房屋价值不足以覆盖相关贷款，但其依然按贷款价值将其入账。

掩盖损失的另一种手段是提前确认收入，推迟确认支出。例如，银行收取的管理费通常应在交易期间分摊入账，而困顿的银行家会在收到这笔费用当天就将其入账。在支出方面，承付款项本应在合同签署当天入账，但银行家可能将其推迟至实际付款时间才入账。此外，银行家还可能会基于应计项目（而非基于实际收回）确认收入（即使应计项目是可疑的），或者基于实际支付（而非基于应计项目）确认费用。其结果实际上等同于提前确认收入，推迟确认支出。

6. 孤注一掷的冒险行为

孤注一掷的冒险行为意在描述如下情形：银行家发现自己面临不

得不宣布资本亏损或减少派息（甚至无法派息）的危险，此时，除了大量采用粉饰行为外，银行家还会伺机寻找能够为其争取时间并能够弥补之前恶化的业务——如果幸运的话。秉持这一态度，银行家可能会进行以下操作。

- 投机；
- 支付高于市场利率的存款利率；
- 向借款人收取高额利息。

当低迷的经济环境、激烈的市场竞争和/或技术层面的不当管理导致当期亏损和较高的不良资产率时，银行家会试图通过其他收入来源来增加收入，多数通过投机活动。典型的例子包括：在通货膨胀时期购入房地产或为房地产提供融资，寄希望于房价上涨并在出售房地产时获利；购买房地产开发用地，以及短线炒股。然而，市场变化或预测失误往往使以上行为的预想利润不会实现。事实情况往往是：货币政策的紧缩引发通缩，市场变窄，房地产价值急剧下降。

一种尤为严重的行为是：当已获得大额贷款的客户出现问题时，为了使其免于破产（而非出于收回贷款的目的），继续向其提供贷款。这是导致很多银行资不抵债的罪魁祸首。这种做法将使银行自身与整个金融体系出现严重扭曲。

在这一阶段的整个进程中，银行的不良率不断升高，这些资产无法带来任何回报。因此，不管是否如实报告，银行的总体收益（本应能够覆盖存款、应付利息与日常开支）都在持续下降，同时当期亏损持续增加。无论采用何种粉饰措施，无论账簿如何显示，现在的问题是实际的现金流已遭到损害，银行开始遭遇流动性困难。

当流动性问题开始显现时，银行家会在市场上以高利率吸引潜在储户和债权人。他需要保持增长的形象，他希望向借款人收取同样的高额利息，使现有问题得以通过业务增长而吸收消化。最重要的是，他需要现金，用于支付存款人的利息，甚至支付工资和其他固定支出。因此，其所吸收的存款本金和获得的同业拆借便利可能不再被全部用于发放新贷款，而被用来支付日常开支。在这一阶段，银行家心中明白，银行当下正在吸收的存款已不太可能得到偿还，这已经涉及了欺诈。

只要银行家仍可以通过存款和同业拆借的一部分来发放新的贷款，其将努力通过向借款人收取高额利息来弥补其向债权人支付的高额报酬。这将使其陷入一个怪圈，因为愿意接受高利率的借款人通常情况下资质不佳：他们通常是已经承压的借款人，或者是关联借款人。前者持有负资产，而后者具有关联关系，他们都不具有偿还贷款的意愿。因此，上述做法可能会使损益表呈现出较高利差，但却对银行的现金流没有任何补益。

7. 欺诈行为

如上所述，欺诈行为在之前的阶段可能已经出现。在银行是由具有自身商业利益的投机者或商人建立或收购的情况下，这种情况非常普遍。此外，粉饰行为也可能会涉及欺诈，因为在某种程度上，粉饰行为就是企业为维持公众信心而向公众隐藏真相的做法。但为了更好地说明银行家逐步由好变坏的堕落过程，本文将欺诈作为"好银行家—坏银行家"模型的最后一个阶段，在最后对其进行讨论。

随着流动性不足的逼近，银行家感受到末日即将来临，其可能会将资金从银行转移出去。最典型的方式是自我放贷，即向银行家所有的公司或其关联公司发放贷款。通过一些特殊的正式安排，银行甚至难以对银行家行使止赎权。

另一种经常发生于最后时刻的欺诈行为是银行与银行家之间的"摇摆所有权"（swinging ownership）安排：银行家可以低价向银行购买优质资产；同时银行家可以令银行以高价购买其所持有的劣质资产。当然，为逃避监管，所有这些交易都将通过受托人、票据公司或其他方式"正当"实现。毕竟，银行家手握实权，并且，他们可将全部责任推卸给政府——"反正都是政府的错"。

8. 管理文化的恶化

管理文化的恶化既是问题长期得不到解决的后果之一，同时也是造成长期问题的根源之一。

高级管理层的态度和示范作用会向下渗透到中层管理层与更低的组织层之中。糟糕的管理文化非常难以改变。除非立即采取快速行动将所有层级的管理者全部撤换，否则可能需要花费相当长（与管理文化恶化的时间一样长）的时间才能对其作出改变。这也是提倡将控制权变更作为危机解决方案的原因之一。

糟糕的管理文化具有以下特点。

• 认为纸面情况就是事实，认为数字反映了实际现金流。隐藏和欺骗成为常态，甚至"合乎道德"。

• 投机者成为理想的管理者被聘请或提拔，因为作为使银行复苏的仅剩的微末希望，投机成为最理想的业务。

• 管理者的晋升系基于忠诚度而非能力。管理所需的信息和团队合作逐渐消失殆尽。

• 内部审计活动被取消，或仅限于调查分支机构的微末问题。

• 分行经理成为"独腿"（one-legged）专业人士。他们遵从上级指令集中精力收集存款，停止发放贷款，因为所有贷款发放都被逐渐集中至总行和主要分支机构。

• 管理层基于"货币是银行业务的原材料"这一事实与"信誉的需要"，不断增加银行员工人数、薪资和日常开支。开设豪华的营业场所成为银行经营的一种惯例。

• 与处于困境的银行借款人的"不付款文化"相对应，银行家发展出了"不回收文化"。

9. 监管的作用

粉饰行为、孤注一掷的冒险行为与欺诈行为等可能同时或相继发生。当缺少能够认定其不合法并应采取补救措施的监管法规时，这些做法将非常容易发生。但即使存在相关的法律依据，监管（supervision）不足也为以上行为的滋生和长期存在提供了温床。本文无意对银行监管的整体理论及其涉及的主要问题展开详述，以下仅列举对不当管理的预防、限制或补救至关重要的监管行为。

• 若存在对市场准入的规制和监管，即是说，若监管者（央行或独立的银行监管机构）能够对银行业的准入条件（设立新银行或获得现有银行的控制权）进行控制，管理不善的风险可能会大大降低。

• 若要求银行向监管机构定期发送资产负债表与损益表等财务报表，则银行自身与监管者可以通过对相关数据的分析认清趋势、识别问题，并尽早采取必要的补救措施。

• 若要求银行公开披露经过合理甄别的账户信息，来自股东和公众的压力将迫使管理层采取补救措施，而无须任何公共干预的介入。

• 若要求银行账簿和资产须经外部审计师进行审计，并要求将审计报告发送给监管者甚至予以公布，银行的隐瞒行为将变得更加困难。

• 若立法对贷款集中度作出限制，并将关联贷款占银行资本的比例限制在一定范围内，并且监管者对合规情况进行了核查，那么资不抵债的巨大风险将不复存在。

• 若为实际权益资本占资产的比值设置了最低阈值，则过度扩张和长期资本不足的风险将被有效控制。

• 若要求银行对其资产依据质量进行适当分类，并且按照规定计提了拨备并确认了应计项目，监管者也对以上情况进行了充分核查，则银行的健康状况可得到密切追踪，并可适时采取补救措施。

• 若对不当管理、违规行为或欺诈行为规定适当的惩罚（如罚款、罢免管理层或提起诉讼），则不当管理的空间将再次受到挤压。

• 若银行关闭和重组的机制到位，则恶化可被及时制止，从而避免市场扭曲与亏损不断升级并最终须由某些群体（多数情况为政府）为其埋单。

10. 应当吸取的教训

规制（regulation）和监管（supervision）并不是万灵药，但它们是建立强大的金融体系、限制不当管理造成的损害、保证宏观政策效果的必要支柱。而如若没有破产处置（resolution）机制，再良好的规制和监管也可能无济于事，甚至出现监管腐败的问题。如果缺乏补救措施（remedy measures），监管者可能需要被迫容忍银行对其亏损的隐藏行为。

不当管理是所有银行危机的基本因素。只有在极其复杂动荡的宏观经济背景下，高水平的管理才会被环境所压倒。而即使在这种情况下，也有"好银行家"与"坏银行家"之分。"好银行家"可以很大程度上控制亏损。

管理水平是动态的。若一家银行失去了很大比例的资本，除非及时采取必要措施（更换管理层并注入新的资本），否则该机构会迅速恶化。

当糟糕的管理文化生根之后，损失必然会成倍增加。不仅原有的财务漏洞需要填补，而且不断恶化的商业文化（带来大量不专业行为和渎职行为）将会造成进一步的破坏。

资产分类、拨备确认和暂停计收应计利息等方面的规制制度必须妥善建立，并予以有效执行，否则最低股本水平的要求几乎毫无用处。

在偿付能力方面，银行资产负债表上确认的逾期贷款和呆坏账与持续被归类为"流动"的无法收回的大额贷款相比，往往可以忽略不计。事实上，为了避免更严重的问题被揭露，无法收回的贷款越大，越有可能被认定为流动贷款。因此，贷款重组和展期是掩盖损失的理想方式，同时也是实现账簿中虚构股本和收入的最佳方法，因为采取这种方式无须计提拨备，并可将未支付的应计利息视为收入。

通过使用文中的方法来掩盖问题，同时支付高额利息以继续吸收存款，流动资金不足的银行可以令人惊讶地维持相当长的一段时间，但其潜在亏损将以指数级速度增长。换言之，当流动性不足的问题最终击倒某一机构之时，该机构实际上已经严重资不抵债了，不仅其自身股本已被耗尽，其借款的很大一部分可能也已被消耗。

识别损失并在账簿中进行确认可能会引发问题，但这也可能会在无须当局介入的情况下创造奇迹——来自市场和银行股东的压力可能会及时触发纠正措施。这一点对于国有银行尤为重要，因为国有银行的资本损失可能被视为一个不那么严重的问题。在这种情况下，识别损失和如实报告意义重大。纳税人的荷包岌岌可危，使公众对银行的状况建立正确认识可以使银行高管与政治家都更加谨慎。

银行家和政客倾向于认为，所有的金融危机都是由整个系统的固有因素和/或宏观经济状况造成的。这种立场为"坏银行家"提供了一个极好的论点，他们可以借此游说政府出台对其有利的经济政策，或要求政府提供补贴以拯救其银行。同时，这种立场也为政客们的以下行为提供了借口：他们可以仅采取宏观经济补救措施，尝试在不树敌的情况下拯救所有人；或者更糟糕的是，袖手旁观什么也不做。

必须对上述管理恶化带来的毁灭性后果，以及由于银行避免采取行动解决其流动性问题而造成的持续的资本减值做出快速反应，因为相关机构可能已经资不抵债了。否则，亏损只会呈指数级增长，新存款将不会被用于产生盈利的新业务，而被用于支撑那些没有前景的交易。无论对于金融机构本身还是对于整个金融体系而言，这都非常危险。

后记：

本文写于1986年11月，完全基于作者处理20世纪80年代西班牙银行危机时所获得的经验。后来的事实证明，文中所提出的原则适用于其后30年间作者在大约30个国家所处理过的所有问题银行。

最近西班牙大众银行的案例进一步说明，本文的观点在今天依然有效。西班牙大众银行是20世纪八九十年代欧洲的一家顶级银行，被许多银行奉为行业典范。当2004年该银行的最高领导层发生变动后，其经营状况开始逐渐恶化。欧洲银行业联盟最终在2017年完成了对该银行的处置工作，使其成为本文于31年前所提出的"好银行家—坏银行家"模型的最新例证。

02
CHAPTER

第二章

二十世纪七八十年代的
西班牙银行危机 ①

---

① 本文为作者于 1985 年 7 月 5 日在国际货币基金组织首次举办的问题银行国际研讨会
上发表的演讲。该次研讨会由美联储主席亨利·沃尔里克（Henry Wallich）担任主席，
与会者包括来自不同国家的监管人士，其召开标志着国际货币基金组织在问题银行领
域活动的发端。

"西班牙根本就没有危机。危机是行长和你为了改革金融体系并对银行家进行'大换血'而捏造出来的。"

——一名西班牙银行高管（1986年）

1. 引言

中东欧国家的国情与西班牙差异很大，它们有着不同的金融体系和不同的银行监管体系，其经济和银行发展状况也不尽相同。尽管如此，对于中东欧国家而言，西班牙1978—1984年应对银行业危机的经验和教训，仍具有借鉴意义。

本文对西班牙经验的介绍将聚焦于对中东欧国家而言最重要的方面，即问题银行的恢复机制。

2. 西班牙银行危机的背景

在20世纪70年代末的银行业爆发危机时，西班牙金融体系由347家机构组成。其中，116家为银行，包括106家民营银行，6家国有开发银行和4家外资银行子公司。此外，西班牙还有80家储蓄银行和151家信用合作社，它们中的大多数提供的是农业贷款服务。西班牙银行作为中央银行，负责监管这些存款机构。西班牙银行也是货币发行银行，并承担最后贷款人的职责。

在20世纪70年代之前，西班牙存款机构的所有活动几乎都处于严格管控之下。在当时的监管框架下，新银行的设立受到严格的限制，新设办事处也必须经过官僚机构复杂的批准流程。外资银行的进入几十年来事实上一直不被允许，利率上限对几乎所有的存款业务和相当数量的贷款业务造成影响。与此同时，为方便公共部门的融资，促进出口及居民购房，以及一长串高度优先的其他活动，金融机构（特别是储蓄银行）承受着繁重的强制性投资比率的负担。

然而，与上述领域内严格的禁令、限制和管制形成鲜明对比的是，在另一些关键领域，银行的行动范围相当宽泛，特别是在风险集中和银行偿付能力的问题上。这在很大程度上是由具体规则的缺陷和监督不力所造成的。

在法律对存款机构的保护与较长时间（1960—1973年）经济繁荣的共同作用下，银行系统逐渐形成了一种自满的气氛，因为较高的利润水平看似得到了保证。监管框架最终被放松，一些银行开始忽视银行业审慎经营的经典规则。此外，在较高的行业利润的吸引下，一些缺乏经验的企业家开始涉足银行业，他们利用银行监管机制（在某些领域似乎是有些"中看不中用"）中存在的漏洞，实现了对一些中小银行的控制。

此外，在20世纪70年代还发生了以下三个重要事件：首先，石油价格上涨引发了经济危机，这使西班牙早期的繁荣阶段倏然停止。而西班牙在20世纪70年代中期又恰好经历了政治转型，因此，一开始不可能采取必要的纠正措施。

其次，经济危机使西班牙在20世纪70年代的最后几年出现了巨额财政赤字，这一问题到了20世纪80年代变得更为突出。

最后，在20世纪70年代，尤其是从1974年开始，西班牙金融体系被强大的自由化浪潮席卷，银行开展业务的方式发生了根本性的改变。新措施包括：广泛地放开新设银行分支机构的条件；向外国竞争者开放了西班牙银行系统，约40家外国银行获得了在西班牙开展业务的许可；存款利率的管制和对贷款利率的许多管制被解除，开发有吸引力的新的储蓄工具成为可能。事实证明，以上这些措施是非常成功的。外资银行在新产品开发中占据了领先地位。在西班牙银行的推动下，货币市场也得到了发展（最初专为银行而设），这一变化显著降低了强制性投资比率的影响，尤其是对于储蓄银行而言。

3. 危机及其根源

在更具竞争性的新环境下，一场严重的银行业危机逐步开始显现，大量中小型银行以及一些储蓄银行和信用合作社（其规模相当于小型银行）受到影响。20世纪70年代中期，在西班牙的110家私有银行中，有52家受到了影响，涉及存款总额达110亿美元，占银行系统存款总额的20%以上。

尽管竞争的加剧无助于使银行经营变得更加轻松，但其本身并非银行业危机的主要诱因。事实上，主要的银行集团、管理水平较高的独立银行和大多数储蓄银行，都平安度过了这场竞争风暴，并保持了稳健的财务状况和令人满意的利润水平。

然而，存在以下行为的银行受到了危机的影响：（1）忽视银行经营活动基本的稳健原则，向关系密切的商业集团进行了不明智的贷款；（2）将风险集中于其他银行；（3）在房地产开发中承担了较高的投机风险。所有遇到困难的银行都具备这三个特征。正因为如此，20世纪

70年代创建的专门从事长期投资业务的"工业银行"受到的冲击最为严重。

整体经济环境的低迷使一些公司财务状况疲软暴露无疑，并使许多规划欠妥的交易被迫停止，这些交易只能在早先的繁荣时期内维持。而那些被繁荣时期的轻松运营蒙蔽了双眼，不顾审慎经营原则而向这些公司大量放贷的银行也因此得到了应有的惩罚。此外，许多银行为吸引存款而拼命采取各种竞争手段，要么支付远高于市场水平的利息，要么增加与实际业务不成比例的日常开支（员工和办公室），这又使它们的处境进一步恶化。还必须强调的是，有相当数量的银行所遇到的困难既不是由传统的不当管理导致的，也不应归咎于不利的经济环境，而是由银行所有者自身的商业目标凌驾于银行利益之上造成的。

1977年底，西班牙银行业危机彻底爆发。彼时，西班牙既不存在恢复问题银行的法律机制，也没有有效的监管工具和完善的审慎监管指南。当第一批银行陷入困境时，几乎无计可施：既没有采取临时解决方案，也没有引入新的长期措施。在研究了各种可能的待选方案后，三种主要候选方案浮出水面：（1）依靠机构自身的力量解决问题；（2）关闭无法解决自身问题的机构；（3）建立存款人保护机制。

经验表明，除少数涉及规模极小的银行的个案外，最明智的选择是恢复问题机构并保持持续经营。基于银行的特殊性，单体金融机构的危机会迅速蔓延到其他金融机构，从而产生系统性问题，最终可能对整个经济造成严重损害，并削弱国际社会对一国金融体系的信心。此外，当银行业危机爆发时，西班牙正在经历政治转型，这使选择变得更加明朗。除了寻找必要资源并建立适当机制以避免西班牙银行体系全面崩溃之外，别无他法。

因此，当1977年底观察到银行业危机的最初症状时，西班牙政府旋即多措并举，最先遇到困难的银行得到处置。直到1980年，银行存款担保基金这一应对银行业危机的基本手段才得以建立。

4. 最初采取的处理方式

在建立存款担保基金之前，西班牙当局曾尝试过一系列替代方案。1977年，西班牙银行对银行的监管职责主要是通过一个小型检查团队来履行的，其主要任务是合规检查。对于一个几十年来没有出现过严重的金融稳健问题的系统而言，这种做法是合理的。即便如此，西班牙银行已于1977年识别出了大量可能在随后几年内出现严重问题的银行。然而，由于处理这种新情况的经验不足，以及对银行亏损的识别不够准确，西班牙银行难以快速拿出完善的解决方案。

一般而言，银行本身会将其偿付能力问题视为单纯的、暂时性的流动性困难，而西班牙银行作为最后贷款人会利用其再贴现机制来帮助银行解决这类问题。然而，鉴于银行贴现资产普遍疲弱，西班牙银行决定有选择地使用这种方式，只将其用于管理层可被信任的银行。为此，西班牙银行于1978年成立了一家名为"银行公司"（Corporación Bancaria）的私人管理公司，与私人银行对半持股，以管理那些存在长期流动性问题的银行。为使银行公司获得问题银行的控制权和管理权，西班牙银行要求，只将新的流动资金提供给那些以1比塞塔的价格将控制权出售给银行公司的银行（其中的一些银行实际上已资不抵债）。一旦拥有了银行的控股权，银行公司也就顺理成章地接管了该银行。在金融界，银行公司被称为"银行医院"，这一称号后由接替银行公司职能的存款担保基金所继承。

虽然这种方法解决了流动性问题，但它没有解决恢复银行资本基础这一潜在的根本性问题。这一状况持续的时间越久，问题就越严重。由于没有处理资本问题的职权，银行公司向普通股股东披露银行真实财务状况的能力受到限制。你不立即停止业务，就会面对挤兑，感染其他银行。如果宣布破产，立即存款者会恐慌。所以，"关闭银行"到"宣布银行破产"还有一段时间。

5. 存款担保基金的成立

1980年，在危机爆发将近三年之后，西班牙当局为银行业机构建立了存款担保基金，该基金在西班牙大多数问题银行的处置中有效发挥了主导作用。

该基金将管理职能（来自银行公司）与存款担保职能相结合。它在法律上可以承接银行所有权，并拥有对问题银行进行资本重组的金融资源。与此同时，还建立了促进第三方购买问题银行的程序作为最终解决方案（在为商业银行建立了担保基金后，储蓄银行存款担保基金和信用合作社担保基金也相继建立，自1982年起，西班牙金融体系中的所有私人机构都拥有了类似的担保安排）。

1980年后，在这些担保基金的主导下，西班牙银行系统得以恢复。然而，鲁马萨集团（Rumasa Group）是一个重要的例外。该集团由20家银行和300家企业组成。鉴于其特殊性，西班牙当局决定不通过担保基金，而通过临时国有化对其进行处置，后文将对此进行详述。

6. 存款担保基金的主要特征

为简便起见，本部分仅以最具代表性（基于业务量与活动强度）

的商业银行存款担保基金为例介绍西班牙存款担保基金的主要特征。西班牙的商业银行存款担保基金成立于1980年3月，是一个受私法规则管辖的公共机构。其旨在通过以下两种方式保护储户权益：（1）通过确保小储户在机构关闭时获得全额赔偿；（2）通过采取任何必要行动来恢复银行的偿付能力并使其恢复正常运作。虽然西班牙银行保留了"最后贷款人"的职能，但基金是处理银行偿付能力问题的法定必经程序。

基金份额由私人银行界和西班牙银行等量认购。成员银行每年的出资在其损益表中计为支出。每家银行的出资额是按照其存款类负债的一定比例（1‰~3‰）来计算的。目前的比率是存款总额的2.5‰。西班牙银行每年的出资额相当于所有商业银行的出资额之和。基金是在危机期间成立的，危机过后，以上份额制度所提供的金融资源明显不足，因此，法律授权西班牙银行以再贴现率向该基金提供长期贷款，并且没有限额。

基金董事会由八人组成。其中的四名成员为受到普遍认可的银行家（由西班牙经济部根据西班牙银行的提名进行任命），他们以个人身份而非银行代表的身份提供服务。其余四名成员由西班牙银行的董事担任。董事会主席由西班牙银行的代表担任，在董事会投票出现平局时拥有最终决定权。执行董事同时兼任秘书长，管理具体履行基金法定职权的工作人员（最高峰时120人，目前为40人）。

为确保银行业务和购买有关资产安排的连续性，基金有权广泛展开行动，并可向成员银行提供信贷、购买各类资产（股票、贷款和房地产等）、提供担保、承担损失，以及认购银行和非银行机构的资本。若机构被清算，则基金将无条件为每个存款人和债权人提供相当于15 000美元的担保。为恢复银行资本，基金可首先要求银行股东参与增资，如果股东没有完全认购增资，基金可直接认购剩余部分。基金也有权要求其成员在必要时将包含必要细节的财务报表提交外部审计。成员机构未能履行上述任何一项义务，即构成基金开除成员资格的充分理由。

一旦基金接管了一家机构，就可以提供一篮子金融援助计划以对其进行清理，并随后组织其他股东对该银行进行收购——这是恢复流程的最后一个步骤。基金必须将该银行出售给具有必要资质和偿付能力的机构，以确保银行未来能够正常运营。出售的要约必须得到充分的宣传，具有吸引力，并且要在基金接管该银行之日起一年内进行。

7. 存款担保基金的运作方式

典型情况是，当外部审计或西班牙银行的检查部门识别出一家银行的资本不足时，基金便开始介入。若资本缺口很小，银行可自行对其账簿作出调整，并将资本增加到所需水平；若资本缺口很大，且股东不能或不愿增资，那么就需要采取更加复杂的行动方案。事实上，除正式的破产程序以外，西班牙法律既没有规定源于股权的临时中止权，也没有规定管理权可以转移给诸如基金这样的公共机构。以上法律限制使基金必须取得银行的所有权，并持续对其进行管理，直到其资本被出售给第三方为止。

基金取得所有权的方式有两种：若能够达成协议，则基金可以每股1比塞塔的象征性价格从原控制人手中购买控股权；若无法达成协议，则基金可以在获管理层批准的增资中进行认购。为确保原所有权人愿意以象征性的价格出售股份或批准增资，基金会通知该银行，若其股东无法复原其资本，基金将取消该银行的基成员资格并对外予以公布。此外，西班牙银行可根据银行上述任一决策的结果来确定其作为最后贷款人所发挥的作用。这两点对于银行而言都很有分量。

西班牙通常是通过一种被金融界称为"手风琴操作"的机制（包含同时减少资本和增加资本的双向操作）来获得银行控股权的。这一机制具有双重目标：一是冲销银行的潜在亏损；二是通过稀释或实际上剥夺原股东的股权来对其施以惩罚。这一机制也使损失得以在中央政府、银行系统和股东之间三者之间分摊。具体而言，"手风琴"机制包含以下操作：遭遇困难的银行会根据现有亏损的大小冲销其所有储备金及其全部或部分股本，紧接着再增加资本，使资本和储备金水平与银行规模相当。西班牙银行通常会命令银行进行增资，在缺乏其他认购人的情况下，基金将自行认购。

在成为银行的大股东之后，基金将罢免原高管层，任命新的管理团队。新任管理团队的工作重点将主要集中于以下方面：维持银行的运转，核实账目，重组和出售基金持有的多数股权。其中，明确银行真实的财务状况尤其重要，事实证明，银行真实的财务状况几乎总是比例行分析、审计以及检查程序所确定的状况更为严重。新任管理团队还必须在主要存在问题的领域采取如外科手术一般的重组措施，如贷款的担保和回收、固定资产的清算、降低财务成本，以及削减人员和日常开支。接下来的任务是要设计一套基金提供财务援助的计划，主要包括基金购买问题银行的资产和长期贷款以恢复后者的偿付能力和盈利能力。在此计划基础上，银行才能被最终出售。

这些任务须在12个月内完成，因为法律规定一旦基金拥有银行满一年，就必须出售其股份。根据基金的内部规则，基金应在充分宣传的前提下，向感兴趣且具备偿付能力的银行业机构招标，由出价最高者得标。一旦银行被出售给买方（通常是一家规模大得多的银行），基金将提供之前制订的金融援助计划，通常是以账面价值购买非生产性资产和/或可疑资产。这之后就进入了基金活动的最后阶段——资产清理以及对资产进行临时管理直至清理完成。附件1展示了基金对银行进行财务重组的主要流程。

8. 鲁马萨（RUMASA）案

鲁马萨（RUMASA）案是西班牙银行危机中的一个极其特殊的个案。鲁马萨集团旗下共有300多家公司，其中有20家银行和200多家工业与服务业公司。该集团共有超过50 000名雇员，包括11 000名银行业人士。该集团下属银行贷款总额的60%都集中于集团内部（其中很大一部分是隐性的）。

鉴于该案波及范围太过广泛，通过基金对其进行处置困难重重。首先，恢复鲁马萨集团所需的金融资源将大大超出了基金的能力范围。其次，如果基金卷入其中，将立即面临两难决策——要么中断集团下属银行为集团下属的200家商业企业提供的融资，这将使后者进入清算程序；要么放任风险集中于这些公司（很多已经资不抵债）的情况持续下去并进一步恶化。鉴于此，政府临时颁布了一项紧急状态法令，宣布将鲁马萨集团国有化。该法令还为评估鲁马萨的股票价值建立了一套估价机制，并表明政府最终打算将该集团交还私人部门。

国有化完成后，政府立即将该集团下属20家银行交予基金管理，并为集团控股公司和其他子公司任命了不同的管理人。一年后，集团下属所有公司的私有化进程开始了。集团的20家银行被打包出售给西班牙最大的7家银行，后者随后自行对这7家银行进行了拆分（鲁马萨集团下属银行金融重组的过程见附件3）。

鲁马萨集团银行的恢复流程还涉及下列金融操作：西班牙政府发行了总价值为4 000亿比塞塔的公债（年利率为9.5%，期限为12年）。这笔公债被西班牙最大的12家银行按其存款规模进行认购。政府利用公债发行获得的4 000亿比塞塔，向鲁马萨股份有限公司（鲁马萨集团控股公司）提供无息贷款。随后，鲁马萨股份有限公司用这笔贷款偿还了自己和集团其他子公司拖欠集团银行的债务。鲁马萨集团下属银行利用贷款回收所得和其他评估所得收益，在西班牙12家主要银行分别存入与每家银行认购公债金额相等的同业存款，存款期限也为12年，但年利率为13.5%。

从被国有化到被售出期间，西班牙银行还以8%的年利率向鲁马萨集团下属银行提供了4 000亿比塞塔的贷款，用于帮助后者偿还债务，并暂时维持集团下属公司的运营，直至后者可以被出售或清算。这笔贷款将在公债期限届满前的12年间间接使用从政府获得的资金得到分期偿还，即当12家银行付清鲁马萨集团下属银行的同业存款时，后者将还清西班牙银行的贷款。事实上，是政府在偿还认购公债的12家主要银行。

在进行了以上操作后，鲁马萨集团下属银行的财务状况与盈利状况如下。

• 资本和储备金方面，由于政府提供的现金取代了集团下属银行4 000亿比塞塔的不良贷款，其资产偿付能力得以保持。

• 盈利方面，在12年的时间里，这些银行的利润受益于西班牙银行向鲁马萨银行提供的贷款利率（8.0%）与鲁马萨银行向12家银行存入的同业存款利率（13.5%）之间5.5%的利差，虽然这种作用在不断减弱。

政府为恢复行动付出的成本为12年间为偿还公债付出的金额，减去向鲁马萨股份有限公司贷款收回的金额（回收率可能不足25%）。而银行体系的成本是13.5%的现金存款成本与9.5%的公债认购收益之间的利差（这一利差在12年间随着债务的分期偿付而不断下降）。

综上所述，对鲁马萨集团的金融重组构成了一个封闭的现金流循环，这一封闭循环最终在12年之后被公债的赎回和银行业对利差的支付所打破。

9. 最终结果和教训

总体结果是，在遭受严重财务困难的52家西班牙银行中，只有3家小型银行被关闭，政府对这3家银行的储户进行了偿付。在存款担保基金与政府的帮助下，另外49家银行的财务状况得到了恢复，并被出售给了具有偿付能力的规模较大的银行，成为其子公司或被其吞并。这49家银行的所有权和管理层都发生了变更，并且目前都运营良好。

基金成立之后5年内所消耗的财政支出远远超过了私人银行部门和西班牙银行的年度出资总额。为此，西班牙银行不得不向基金提供大笔长期贷款。基金取得的清算收益，连同获得的连续年度摊款，应能使西班牙银行向基金提供的贷款在1994年之前得到全额偿付。

银行业和政府承担的总成本约为100亿美元。1977年危机爆发时的通货膨胀率约为25%，1984年危机结束时逐渐下降至11%。税收改革和有效的公开市场操作抵消了银行危机带来的货币市场波动。财政预算的损失是通过上述程序在14年间分摊的。最后，虽然西班牙银行对外资银行也承诺提供保护，但后者从未使用过这一便利，这有助于维持对西班牙金融系统的信心。

后记：

　　文中所描述的20世纪80年代西班牙银行危机已成历史。当时采用的银行重组工具主要源自对美国工具包的借鉴。作者将本次危机中获得的宝贵经验写成了本书的第一章，这些经验法则多年来被世界银行奉为行为指南，用以确定向不同国家提供贷款的条件。同时，它们也成为美联储多年来国际培训项目的主要支柱。这些经验在2019年也并不过时。

附件 1

西班牙：金融重组

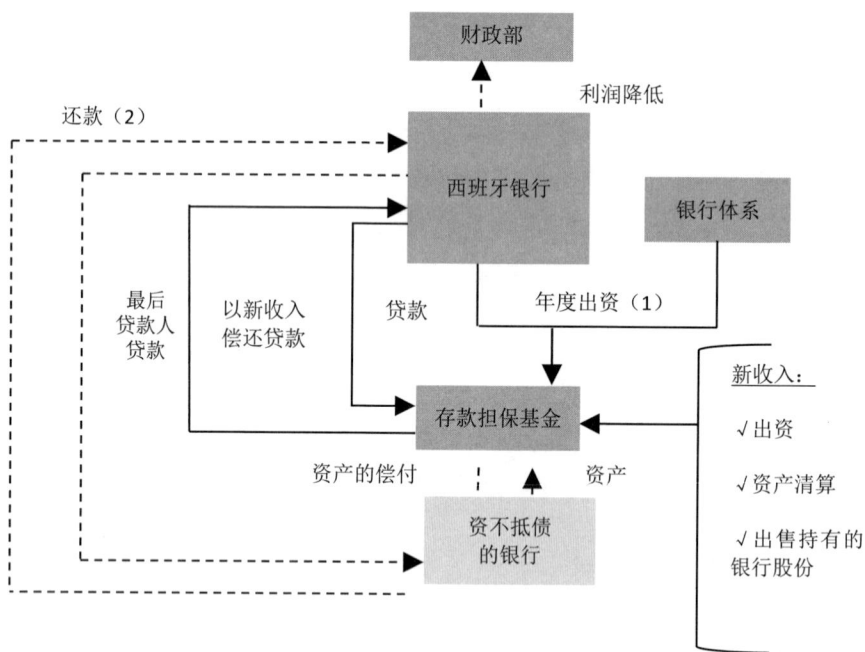

（1）中央银行对存款担保基金的出资比例：1980年至1988年为50%，1989年至1994年为33%，1995年和1996年为50%，1997以后无。

（2）由重组后的受让方偿付。

附件 2

西班牙银行危机（1978—1984年）

年份	处置的银行数	存款和信贷（单位：百万美元）（1）			账户数（单位：千）	分支机构数	员工
		存款人	债权人	合计			
1978	4	245	145	390	185	120	1.977
1979	2	214	51	265	201	61	1.026
1980	9	1.326	325	1.686	775	371	6.553
1981	4	564	294	858	362	151	2.143
1982	11	3.415	872	4.287	1.829	726	10.761
1983	21	4.859	1.686	6.545	1.946	1.193	13.204
1984	1	270	16	286	110	33	625
总计	52	10.928	3.389	14.317	5.408	2.655	36.289（2）

（1）175比塞塔=1美元（1984年的汇率）。

（2）若包括非金融子公司在内，约为100.000。

附件 3

鲁马萨（RUMASA）集团的金融重组

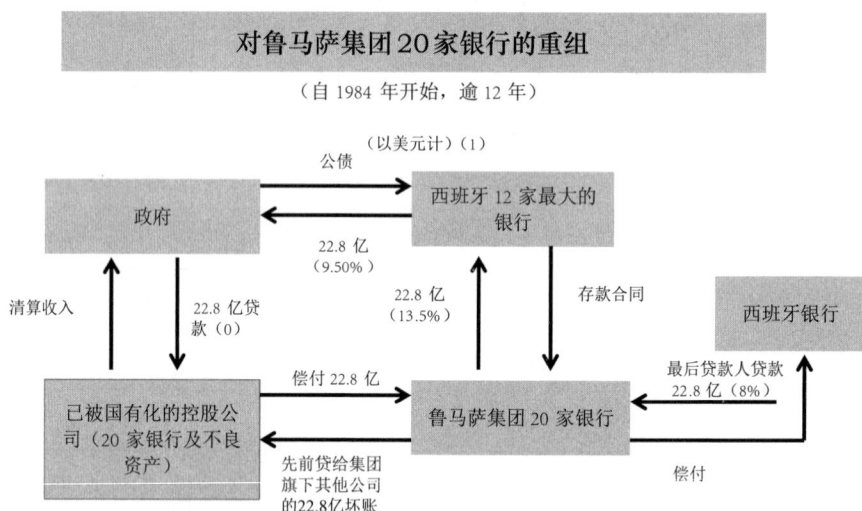

对鲁马萨集团20家银行的重组

（自 1984 年开始，逾 12 年）

（以美元计）（1）

```
                      公债
    ┌─────────┐  ─────────→   ┌──────────────┐
    │  政府    │  ←─────────   │ 西班牙 12 家最大的 │
    └─────────┘    22.8 亿     │    银行        │
                   （9.50%）    └──────────────┘
  清算   │ 22.8 亿贷               22.8 亿      存款合同    ┌──────────┐
  收入 ↑ │ 款（0）               （13.5%）               │ 西班牙银行 │
       │ ↓                                              └──────────┘
    ┌─────────┐    偿付 22.8 亿   ┌──────────────┐  最后贷款人贷款
    │ 已被国有化的│  ─────────→    │ 鲁马萨集团 20 家 │  22.8 亿（8%） ↑
    │ 控股公司  │  ←─────────    │    银行       │  ←──────────
    │（20 家银行 │                └──────────────┘
    │ 及不良资产）│  先前贷给集团          偿付
    └─────────┘  旗下其他公司
                 的22.8亿坏账
```

（1）1984年汇率：175比塞塔兑1美元，22.8亿美元＝4 000亿比塞塔。

注：国有化之后，20家银行中的一家成为集团下属银行向集团下属其他子公司贷款的通道。直到这些公司被清算或出售，西班牙银行一直为其提供资金，这些资金随后由预算拨出，金额达200亿美元（按照实施该操作时的汇率计算，约等于2.2万亿比塞塔）。

第三章

银行危机的微观经济根源 [1]

---

[1] 本文为作者于 1994 年在华盛顿美洲开发银行面向中央银行官员和行业专家所作的演讲（节选）。与会者还包括保罗·沃尔克（Paul Volcker）（美联储前主席）与路易斯·安吉尔·罗霍（Luis Angel Rojo）（时任西班牙银行行长）。

"对银行危机（的产生与加剧）而言，管理中存在的问题与宏观经济因素发挥着同样重要的作用，且前者更易控制。"

——阿里斯托沃洛·德·胡安

银行危机的根源：微观经济、监管和立法等方面的问题

一种观点认为，所有银行危机都最终有其宏观经济根源，因此，唯一重要的是实体经济。持这种观点的经济学家认为，金融业不过是实体经济的一种副产品。许多银行家也是这种观点的拥趸，他们似乎认为，自己的不当管理行为永远不应受到指责。不少政界人士也站在他们的行列，因为显然无论是对整个银行业还是对单家银行而言，不采取纠正措施与重组措施要比采取相应措施轻松得多。

这一学派认为，当经济繁荣时，人们无须对银行与银行业担忧，因为此时业务定处于良好的健康状况之中。而当实体经济遭遇困难时，仍然不应将过多的注意力放在金融部门，因为实际上几乎没有什么补救的余地。

然而，国际经验告诉我们，"好银行"在经济衰退期间仍能够成功经营；即使在经济繁荣时期，一些银行也会经营失败。导致这种强烈反差的关键是什么？是管理水平。高质量的管理可以帮助机构抵御任何宏观经济风暴，而低水平的管理甚至可能使银行在温和的环境中倒下。

20世纪80年代，在西班牙经济萧条和银行业危机期间，每当有一家银行被诊断为"资不抵债"（失去偿付能力），进而西班牙银行董事会须就如何解决这一问题做出决策时，董事们都会询问我（我当时担任西班牙央行检查局局长）该机构破产的原因，我给出的几乎相同的答案是——管理不善。

美国货币监理署（OCC）在1988年发表了一篇关于银行破产的调查报告，基于对1979—1987年破产机构的分析，对联邦注册银行破产的影响因素进行了评估。其结论是，大多数银行破产是由于资产质量不佳以及随之而来的股本侵蚀。而造成资产质量不佳的关键因素是管理不善，而非整体经济环境。报告显示，只要银行的政策、制度与内控机制稳健，它们就能在起起落落的宏观经济环境中保有持续的生存能力。

因此，实际上，银行业的问题和银行的倒闭几乎从来都不是单纯由经济萧条引发的。

尽管如此，要确定宏观经济环境与微观管理水平分别对诱发银行业危机发挥了多大作用，将非常困难。这只能通过分别对每个国家甚至每家银行的状况进行分析来完成。然而，可以明确的是，在"系统性"危机中，宏观经济变量的作用大于微观经济因素；而在孤立的银行破产案例中，微观经济因素往往更为重要。实际上，即使在"系统性"危机中，那些管理水平较低的银行也通常会遭遇更加严重的个体困难。然而，由管理不善所引发的危机往往被忽视，或与其他危机混为一谈。因此，我们可以得出结论，无论是在系统性危机还是在个体性危机中，宏观经济问题都通常有微观经济弊病相伴。

虽然有人认为，监管有时可能会放大银行家沉迷于冒险的经营活动的动机，但笔者认为，审慎规制制度的不完善和监管不力是造成银行倒闭的主因之一。因为缺乏严格的控制与适当的纠正措施会导致不当管理行为潜滋暗长。

低水平的管理可能出现在许多不同的情况下，给银行的财务健康带来诸多不利影响，而以下两种情况最为典型：第一种情况发生在新手银行家闪亮登场之时。这些胸怀大志的新晋银行家或者从零开始创建了一家新的银行，或者收购了一家现有银行，而所需资金可能是由银行提供，或至少令银行提供担保。此时，一般的政策、制度和做法对于维持银行的健康状况可能显得捉襟见肘。

在第二种情况下，银行继续由资深的银行家掌管，但后者已经无法适应市场的快速发展了。当问题已经出现，却不能反映到账目中时，资深银行家即将把银行带上一条每况愈下的不归之路。未被识别的问题无法被纠正，因为它们无论在账簿中还是公众眼中都"不存在"。资产严重受损的银行试图隐瞒其真实状况以免受到监管当局关注的例子几乎随处可见。

典型的不当经营行为包括：过度扩张、急剧增长，以及过于糟糕的贷款政策、薄弱的内部控制和规划流程。这些做法中的任何一种，或它们的任意组合，都会导致运营亏损，侵蚀银行资本，并最终摧毁一家银行。

1. 过度扩张

过度扩张可被定义为"做得太多"。其有以下几种表现形式：

（1）过度扩张可以用于描述银行发放贷款规模过大、与其股本或存款基数不成比例的情况。在贷款规模与股本不成比例的情况下，银行的资本相对单薄，若其贷款账簿遭受重大减值，那么其用于对抗损失的"缓冲"（股本）可能不足。银行也可能发放与其存款基数不成比例的贷款，为此，它需要额外在银行间市场寻找大量资金，其财务平衡和稳健性将因此受到借款波动和利差收窄的影响。

（2）过度扩张也可用来描述地理上的扩张。有时，银行决定去一个新的国家开设分支机构时，却并没有想清楚这样做的原因，也无法确保能够充分掌控海外业务。这可能是由于银行家普遍存在热衷追随潮流的恶习。"如果大家都在变得国际化，为什么我们不应该？"笔者甚至听闻，一家西班牙银行决定开始推进积极的国际化战略，但其国际业务的主要负责人几乎不懂外语，并且，他除了准备偶尔去海外办事处视察之外，并不准备多做什么。

（3）过度扩张的第三种表现是肆无忌惮的产品多样化。面对国际上日益严格的资本充足率规则，多数银行试图通过产品多元化来增加收费和佣金收入。这种策略当然没有错，但问题在于，一些银行的多元化操作超过了必要限度，它们甚至期待新的收入来源能够最终超过贷款账簿上的回报。这将是一项非常冒险的策略，除非银行具备管理这些新产品的专业知识，并且其内部控制系统足够强大和成熟。衍生品的例子通常会立刻在脑海中浮现。要谨记，"不要做你不理解或无法掌控的事情"。

2. 急剧增长

轻率而粗放的进取型增长是导致银行出现问题甚至最终走向破产的另一种典型的微观经济要素。"为了增长而增长"是许多银行家的通病。所有的银行家都梦想自己的银行能跻身本国最大的银行序列，在国内同业中一马当先。为此，他们甘冒损害银行利润与稳健性的风险。赢得大客户并在顶级银行序列中占据一席之地的雄心，往往会驱使银行家疯狂地追求增长。这种策略非常冒险：首先，想要迅速扩张的银行将不得不支付高额利息以快速提高融资能力，这将对其利润率造成不利影响。其次，这一政策可能会驱使银行采取过度扩张的财务政策，导致对银行同业贷款的过度依赖，带来各种风险。此外，当目标是快速增长时，能否找到发放新贷款的机会将成为生死攸关的问题，在这种情况下，银行会倾向于降低其贷款筛选标准，这将导致贷款账簿质量的恶化。

3. 糟糕的贷款政策

糟糕的贷款政策是导致银行危机的另一个关键的微观经济要素。任何稳健运营的银行的首要职能是要将其吸收的储蓄投入市场，以获得令人满意的回报并收回贷款。银行家须时刻谨记，银行借出的资金属于他人而不属于他们自己，这些储蓄最终必须偿还给储户。银行必须谨守这一原则，否则将不可避免地陷入流动性不足与资不抵债的困境。正因如此，不良放贷行为常常处于银行危机的核心位置。不良放贷行为包括风险集中、关联贷款、贷款期限与用于为其提供资金的负债期限不匹配、承担过大的利率和汇率风险，以及回收措施薄弱等。

风险集中是导致银行破产的一个典型原因。将贷款集中于某些借款人（借款人集团）、一个国家的某些经济部门或者地理区域，均违背了保持银行业务稳健性的关键原则——风险分散原则。这种行为将显而易见地带来极高的风险——在风险集中的情况下，一小部分借款人违约，或者市场的某一部分发生危机就将危及贷款人的财务状况。这类策略和做法可能是银行家基于对贷款质量的错误评估而自愿采取的。当借款人与银行或银行家存在关联关系时，情况尤为如此，后文将对此进行详述。

风险集中也可能是一个非自愿的过程：当最初质量无虞的贷款的很大一部分在其后遭到冻结时，银行可能不得不继续向不良借款人发放贷款以期摆脱困境。在这种情况下，银行还可能对贷款进行展期，同时对到期利息进行再融资和资本化。否则，借款人就会违约，他们的困难和银行自身的困难都将为公众知晓，这是大多数银行家想要竭力避免的事情。然而，一旦这种不良状况蔓延到了其他银行，整个经济都将受到损害。

银行有时也会从事投机活动。这可能涉及向高风险借款人放贷，以期获得更高的回报。虽然合同利率可以反映出银行家在采取这种策略，但债务人实际支付的利息不太可能使该策略的既定目标得到实现，因为愿意接受纸面高利率的借款人通常就是那些最终会拖欠债务的借款人——高利率扭曲了银行的客户筛选。投机还可能涉及对房地产市场和股票市场的贷款和投资，尤其在高通胀时期。借款人和银行家都希望迅速撤出投资，并获得可观收益，然而，事实几乎永远不会如他们所想。抗击通货膨胀的政策将伴随经济停滞和市场下跌，随着损失的累积，银行不但可能无法挽回过去的亏损，反而很可能只能眼睁睁地看着投机资产被套住。

在从事这些高风险的投机行为时，严重的流动性问题很可能已经出现。为此，银行将不惜一切代价，寻找存款、信贷或同业贷款等各种形式的新的资金来源。可能还需要现金来支付转型成本。银行愿意为这类资金支付高额利息，是因为其相信可通过将成本转嫁给借款人来维持自身的利润率，可是最终往往事与愿违。

到此时，市场可能已经注意到了银行遭遇的困难状况，投资者可能开始抛售股票了，而那些了解内幕信息的人可能早已向市场抛售股票了。为了阻止股价持续下跌并维持其个人持股的价值，银行家可能会令银行直接或间接（通过关联公司或"傀儡公司"）从市场上或从其个人手中回购股票（形成库存股）。库存股不仅以牺牲中小股东的利益为代价造成市场扭曲，还会带来额外亏损与进一步的股本侵蚀，即使这些后果被成功地隐瞒了。

这一过程将以流动性不足告终。只有到那时，履职不力的监管者才会发现早已存在于虚假账目面纱背后的资不抵债的问题。在实际状况被披露之前，问题银行可能已经失去偿付能力相当一段时间了，而在这段时间内，问题仍在不断加剧，从而不必要地增加了最终的处置成本。除非宏观经济原因造成了整个系统内普遍的流动性不足，否则可以说，只要一家银行被发现长期存在流动性问题，则其必然已经失去偿付能力了，并且这种状况可能已被掩盖了相当一段时间了。

欺诈也是一些银行倒闭的根源。首先，粉饰行为很容易越界成为彻头彻尾的欺诈，尤其是在银行业这样一个建立在公众信任基础上的行业中。银行的欺诈行为还存在很多其他的种类，最常见的是通过某些特殊的交易安排（通过"傀儡公司"发放贷款，放弃押品要求，或者在止赎权行使期限之前解除担保）向银行家自身提供贷款，在这些安排下，银行永远无须偿还这些贷款。

关联贷款是导致银行危机的另一个常见原因，其往往会导致贷款集中。因此，关联方贷款面临上述所有的集中风险，以及以下将提到的其他风险。关联贷款包括向银行（或银行家）的关联公司，甚至银行家的朋友及合伙人的关联公司放贷的行为。

在综合银行（universal banks）和发展银行（development banks）被允许持有非金融公司股份的情况下，银行向投资对象公司发放贷款十分常见。20世纪80年代西班牙银行业危机中倒闭的多数银行都开展了这样的业务。事实上，只要银行在正常市场条件下与投资对象保持安全距离，这种做法原则上无可厚非。问题可能会出现于以下情况中：当有关贷款的期限或金额过于慷慨时，当附属借款人的信贷可得性使其管理人员因公司的流动性得到保障而变得懒惰时，以及当关联贷款使借款和银行之间充斥信息乱流时：银行派驻其附属借款人的代表通常由该附属借款人的高级管理人员担任，他们会荒谬地阻碍母公司获取信息的效果，使向这些子公司发放的贷款不太可能会归类为不良贷款，进而不会计提拨备，也不会启动回收程序。对于国有银行而言，这类贷款的风险尤为显著：短期和长期的社会目标可能会被混淆；银行可能迫于政治压力而不得不继续向已失去偿付能力的借款人发放贷款，或放弃催收到期贷款。

此外，发放关联贷款的银行家已踏上了欺诈行为的红线，并随时有可能越界。毕竟，关联贷款意味着银行家正在利用其所享有管理权和银行的资金（他人的钱）为其自身牟利。恶意或疏忽可能在这类交易刚开始时就已经存在，甚至可能正是银行家发放此类贷款的用意。

期限错配所带来的潜在的流动性风险也是银行问题的重要来源之一。期限错配可能是由银行家的既定策略造成的，也可能是由以下原因造成的：贷款起初被设置了合理的还款期限，但后因违约被冻结或就还款期限达成了新的协议。期限转换是银行业务的核心，但该功能的发挥是有一定限度的。由持续时间较长的资产周转（asset churn）（相对于资产波动而言）所导致的错配，更有可能引发流动性问题甚至破产。同时，我们要谨记，由于不良资产的周转率极低，长时间的资产周转所导致的流动性不足与资不抵债密切相关。实际上，银行在解决其流动性问题方面取得的任何成功都可能伴随着持续经营所需的资金成本的增加，从而导致利润减少。一些银行管理业务期限的能力极其低下，它们甚至将从隔夜市场借入的资金转换为长期贷款，这种操作将直接把这些银行送到流动性不足的边缘，这些银行将不得不采取痛苦的措施来加速贷款账簿的资产周转，并缩小其资产负债表。

期限错配的惩罚常常会以利率风险的形式出现。根据统计数据，利率风险通常不会像资不抵债那样引发危机，但它往往会造成利润萎缩。利率风险有多种表现形式，问题最常出现于利率剧烈波动时（特别是在管制放松时期），存款总成本急剧上升时，以及所有或大部分贷款系以固定利率发放的情况下。另一种风险状况是，利率大幅下跌导致持有大量公债的银行的投资价值大幅缩水。

汇率风险也存在多种形式。其中有一种情况是，向外汇储备几近耗尽的国家提供外币贷款，这些国家将永远或至少在很长一段时间不会履行其偿付义务。另一种情况是，在货币贬值时期，若借款人的企业无法产生必要的外汇，或者由于汇率原因以本币还款的成本高得令人望而却步，那么借款人也可能会违约。此外，以下操作也会产生汇率风险：银行借入外币兑换成本币，并以高得多的利率进行放贷。这种操作固然会带来短期利润，但随之而来的是严重的汇率风险——由于借款人可以本币偿还贷款，哪怕是本币的少许贬值都将使银行分期偿还其外币债务的成本变得高得多。

发展中国家的贷款回收程序普遍较为薄弱。当重要借款人难以偿还贷款时，为避免正式破产，他们常常寻求与银行达成秘密协议，从而导致"无法支付/不会回收"的情况。在这种情况下，债务人已违约，但贷款人却不会强制执行。薄弱的回收程序也常常与关联贷款或其他欺诈行为有关，在这些情况下，银行家也不会去努力回收到期贷款。此外，由于发展中国家与贷款和破产的强制执行相关的法律条文可能已经过时，通过法院进行债务回收将旷日持久、令人疲惫。有人可能会就此提出疑问，拉丁美洲贷款回收不力到底是由于破产法不完善，还是由于管理不善呢？虽未经统计，但似乎主要原因还是管理不善。不当管理行为不仅发生在回收贷款环节，还发生在相关贷款最初的发放环节。因此，当贷款政策较为薄弱时，无论执行和破产程序多么有效，那些借款规模最多的借款人的偿债能力都将是有限的，其结果是贷款回收程序的乏力，有时借款人与银行之间甚至会形成共谋，对贷款回收造成进一步的阻碍。

4. 薄弱的内控机制和规划流程

内部控制的失败有时也是造成银行危机的元凶。当然，这样的失败一直都存在，但衍生品和混合产品的出现使得更加复杂的方法和技术需要被引入内部控制之中。内部控制的欠缺可能是致命的。内部控制的薄弱可能有以下原因：糟糕的贷款决策和无效的风险监测系统，工具和技术不够强大，信息系统功能不良，无法提供充分和/或具有相关性的数据以进行适当、及时的分析。

最后还有规划不周的问题。商业规划是一个复杂的问题，虽然其并不一定能保证目标的实现，但其确实有助于避免偏离正轨和迷失方向。如果仅将规划当作一种思维而非一种流程或技术的话，那么银行家将常常怀抱"没什么太严重的情况"的想法，这将导致他们无法适应变化，无论是在策略、产品和技术方面，还是在自身管理团队的组成方面。这种态度不会立即招致麻烦，但可能会使银行陷入缓慢的衰落进程中，直至倒闭（尽管银行实际上更有可能被新投资者收购，或与实力更强的机构吞并）。在一些由年事已高、墨守成规的银行家担任高管层的银行中，这种状况十分普遍。

若审慎规制制度足够强有力，可以有效治理上述不当管理行为，并且监管机制足够有效可以确保合规和纠正措施的有效执行，那么问题就能够被扼杀于萌芽状态，或至少能够尽早被识别出来。若能如此，银行危机发生的频度与破坏性都会大大降低。在此假设之下，任何所需的资本重组都能在问题银行的大部分资本受到侵蚀之前完成；任何不称职的管理人员（无论资历多高）都会被撤换。问题在于，立法并不总是有效的，银行家可能不愿意采取纠正措施，而监管也往往"没有牙齿"。在这种情况下，当银行家忙着粉饰银行账簿时，新的问题将可能会快速涌现。

后记：

为简单起见，第一章对"好银行家—坏银行家"模型的描述非常简略；本章对第一章所提出的一些概念进行了扩展，并增加了其他一些银行管理与监管层面的常见问题。

第四章

银行业改革中的"假朋友"①

---

① 本文为作者于 1995 年 4 月在伦敦举行的欧洲复兴开发银行年会上发表的演讲。

"对金融改革与金融监管而言，无论其可调用的军械库看上去多么庞大，若半途而废的话，这些精良的武器将失去效用，甚至可能带来反效果。"

——阿里斯托沃洛·德·胡安

　　本章的讨论主要针对转型经济体的银行体系，但它们同样可以适用于银行改革业已完成的其他经济体。本章将首先概述近年来转型经济体所取得的进展，然后对"纸面上的改革"和"半途而废的改革"存在的危险提出警示——"假朋友"（false friends）即用来指代这些可能出现的误区。

　　近年来，转型经济体取得的进展大致如下。

　　• 以往单一的银行体制已被打破，竞争得到加强。与此同时，发放了新的银行牌照，并放松了对金融市场的管制。

　　• 颁布了新的银行法、会计制度和审慎监管规则，以规制利润、资本和潜在损失拨备等基本问题。

　　• 成立了新的监管机构，加强了现有安排，力求减少官僚主义，并关注整个金融体系与单体银行的质量。

　　• 一些国家建立了存款担保计划，以确保存款人在银行倒闭时受到保护。

• 一些国家建立了银行重组程序以应对普遍存在的银行破产问题。这些举措有时伴有鼓励兼并的措施。兼并不仅可以变更银行的控制人，淘汰实力较弱的管理层，还可以扭转银行数量激增的趋势并创建更大的组织。

• 一些国家已经开始对国有银行进行私有化，以促进竞争、提高管理质量以及培育市场机制。

• 许多国家通过加强内部与外部培训以提高本国银行的管理水平，这些培训有时是在跨国机构的帮助下进行的。

所有这些努力都应获得我们的认可和支持，并且所有这些努力对建立稳健的银行体系都至关重要。然而，现在就开始自鸣得意或自我陶醉还为时过早。转型经济体的改革势必是一个漫长的过程，路远且艰。

以下将基于作者在一些国家（包括发展中国家和发达国家）的亲身体验提出一些忠告，以期对在改革之路上砥砺前行的政府和银行提供镜鉴。

在转型经济体中，银行资不抵债的现象十分普遍（当然在其他经济体中也是如此），这不仅包括从垄断性机构中分立出来的银行，还包括一些刚刚成立、尚未于业内站稳脚跟的新持牌银行。因此，本文将以"偿付能力"为出发点。此外，本文的一些观点并不具有普适性，原因是：首先，虽然转型经济体总体上取得了相当大的进展，但各国的进展很不平衡；其次，即使在同一个国家，改革在各个领域的进展也存在很大差异。

本文无意提出一个面面俱到的忠告清单，本文所提出的忠告将主要聚焦于在金融改革中可能遇到的误区和陷阱（"假朋友"）：一些概念和政策本身有其优点，但在它们被孤立地使用，或与其他基本措施发生冲突，或被敷衍了事地执行时，其不仅起不到应有的作用，甚至可能会产生反效果。这些"假朋友"存在于规制（regulation）、监管（supervision）、重组、私有化以及机构建设等各个领域。

1. 银行规制领域的"假朋友"

在规制（regulation）领域，我们将讨论市场准入、最低资本要求、资产分类、会计制度和监管（不力）五个方面可能存在的陷阱。

（1）市场准入。通过开放市场使新的银行与银行家进入来促进竞争是值得赞赏的。然而，一些国家实施的市场准入政策过于宽松，吸引了大量想要获取现金的企业家和公司蜂拥而至。这些新银行往往以最低的资本（有时实际上是股东借来的）创建，进而被用于向公众吸收存款，随后将吸收来的存款贷给银行股东自己拥有的公司。这势必会走向失败。此外，当这些实体遭遇困难时，政府往往不愿出手帮助它们解决问题。其结果是，市场将被"僵尸银行"充斥，竞争将遭到破坏，资源将无法实现有效配置。因此，允许新银行进入是一个非常积极的进步，但如果新银行的启动资本，或者银行家自身的信用与专业度不能满足应有的最低标准，这一举措将被证明是一位"假朋友"。启动资本必须很高，并且必须来自明确界定的来源。此外，还须确保自由的市场准入与严格的市场退出政策之间的匹配，在市场退出方面，关闭和清算应成为优先选项。

有人认为，对自由的市场准入政策的批判，往往是为了保护现有企业，将竞争对手挡在门外。这或许是事实，但这种批判在政策过于宽松的情况下才能成立。另一种观点认为，新设一家银行的启动资本不应设定过高，以免将有能力服务本地客户的小型机构的潜在候选人排除在外。对此，可以在对业务范围作出限制前提下适当降低成立新银行所需的启动资本。例如，可以将这些银行排除在支付系统以外，或者限制其地域扩张，直到其资本得到补充。

（2）资本要求。拥有充足的资本是绝对必要的。巴塞尔委员会的指导方针目前已为大多数政府和银行所接受，巴塞尔协议要求银行最低应持有相当于其风险加权资产8%的资本。这在一定程度上确保了银行的健康和财务稳健，同时也为国内与国际竞争者创造了一个公平的竞技场。问题在于，当政府和银行自豪地宣称他们的资本充足率达到了8%、10%甚至11%时，资产质量的问题往往被忽视了。例如，当一家银行声称其资本充足率为10%，但又有相当于其资产价值的30%的未披露亏损时，其真实的资本充足率为-20%。资本充足率规则确实至关重要，但其必须有合理的资产分类标准和强制性拨备规则作为辅助，否则资本充足率规则也可能成为"假朋友"。

（3）资产分类规则。政府可能会反驳说，"嗯，我们有一套完善的资产分类和拨备制度，符合国际标准，并以还款表现为基础，因此任何逾期贷款都会被识别出来，并会被计提相应拨备"。这是理所当然的，但如果贷款没有按照借款人的还款能力（决定了违约风险）进行分类，不管是否已逾期，资产分类和拨备制度都可能会变成"假朋友"。为什么？因为陷入困境的银行往往会避免向监管者或公众披露其实际亏损。拥有大量的预计无法收回的不良贷款的银行通常会在临近到期日时将其（常常是无限期地）展期，以避免在账簿中确认减值。因为一旦贷款在账簿中被确认为"逾期"，不仅相关借款人的违约情况会被揭露出来，银行本身资不抵债的状况也可能会暴露出来。经验显示，那些把银行逼到绝境的最糟糕的贷款，几乎总在账簿上被登记为"流动"而非"逾期"。此外，若由银行自己决定作出必要预留而不强制要求计提法定拨备的话，资产分类规则也可能成为"假朋友"。如果允许金融机构将展期获得的利息确认为收入，情况也是如此。在这些情况下，资产分类规则使银行可以利用"合规"来显得"稳健"与"盈利"，从而掩饰其资不抵债与亏损的真实情况。

（4）财务会计制度。正确评估偿付能力和合理的资产分类的先决条件之一是完善的报告制度。而如果不合理使用现代会计准则，财务报告流程就会像计算机科学家喜欢说的那样，"若输入的是垃圾，则输出的也一定是垃圾"。在此种情况下，无论是监管者还是银行家自身，都无法对机构的状况做出正确的诊断。因此，大多数发展中国家都在尝试建立完善的报告制度。财务报告制度必须包含有关金融子公司和集团公司的并表规则，以确保会计科目、计量和内部控制的协调，并使对集团的整体监管成为可能；否则，财务报告制度也可能成为"假朋友"。要记住，金融子公司（尤其是那些在海外或离岸经营的金融子公司）是将问题资产转移到集团公司表外和监管者视线范围之外的最佳隐藏地点。

（5）监管不力。完善的法律框架与稳健的审慎规制制度的建立是一个巨大的成就，但若没有强有力的监管机制来核查机构的质量并加强合规，再优秀的法律框架也将成为"假朋友"。因为当机构资不抵债时，这些规则将不再被适用，以至于人们会逐渐对其失去信任。因此，完善的法律规定和审慎规制制度仅是金融体系正常运行的必要条件，而不是充分条件。必须辅之以有效的监管机制（包括分析、核查以及必要时有力的纠正措施）。

2. 银行监管领域的"假朋友"

若中央银行同时扮演银行监管者的角色，则其自身也可能变成"假朋友"。在西方，由央行履行银行监管的职责，与由一个分立的独立机构履行该职责的银行监管模式并存。两者难分轩轾。但在一些转型经济体中，当央行同时履行监管职责时，监管很容易遭到弱化。所有苏联式计划经济体的中央银行都与苏联中央银行"Gosbank"（负责一切事务，包括零售银行和发展银行业务）具有某种程度的相似性。他们的角色并不涉及我们今天所认为的针对商业性银行业务的监管。在一些转型经济体中，监管仍然意味着官僚控制、对产业指导贷款的统计研究以及其他旨在协助经济规划和防止欺诈的任务。与此同时，在另一些经济体中，中央银行的监管完全屈居货币政策职能之下。无论上述哪种情况，建立独立机构履行银行监管职责的选择都值得认真考虑，因为与一些善于寻找借口逃避监管责任的中央银行相比，新的监管者难以找到回避采取行动的理由。

若一国的监管机制已经建立（无疑为金融体系添加了一笔重要财富），但该监管机制仅包括基于对银行自身提交报告进行审查的非现场监管，则这样的监管机制也可能被证明是"假朋友"。因为在资不抵债潜滋暗长的大环境下，银行家往往不会主动披露其自身存在的问题，银行提交的报告基本上可说毫无意义。而如果以现场检查作为非现场检查的补充，则必将进展斐然。然而，如果银行检查人员数量不足，或者如果检查人员欠缺专业知识而且薪酬过低，则监管机制也有变为"假朋友"的危险：政府可能相信其已经妥为履行了监管职责，但事实却并非如此。

目前许多国家采取了自愿或强制的外部审计做法，并且很多审计活动都遵照国际标准进行。然而，若对审计活动的规制框架并不完善，或者外部审计师与监管者之间的必要沟通不被准许或无法进行，我们可能不得不面对一位新的"假朋友"，因为此时的审计报告并不可靠。更糟糕的是，这些不可靠的审计报告甚至可能在行政诉讼或复议程序中被当作武器，用于对付试图实施执法行为或补救措施的监管人员。

有时，虽然监管和审计机制都设计得当，但监管机构享有的执法权可能过于薄弱，或缺乏处理银行重组的适当机制。在这种情况下，任何出现在监管者面前的新问题都不可能得到圆满解决，人们将逐渐对监管机制失去信任，监管机制最终将完全失去效用。监管机制的建立是必要的，但仅有监管机制是不够的，其必须得到严厉的补救措施、制裁手段与银行处置机制的支持；否则，我们又将遭遇到一位新的"假朋友"。

最后，可能存在如下情况：监管机制设计得当、执法权力足够强大、处置机制妥为就位，但政府缺乏解决问题的意愿。这可能是由某种政治或社会原因造成的，也可能是由于缺乏必要的财政资源。在这种情况下，金融体系的问题无法得到解决，人们将对努力创建起来的监管机制丧失信心。更糟糕的是，银行家、审计师与政府之间可能会形成某种共谋，他们中将不会有人去揭露严酷的现实。典型情况是，一些国家的银行重组只进行了一半，其政府却宣称其已成功地完成了银行系统的彻底检修，这将使其自身陷入骑虎难下的窘境：政府可能在数年之后才能再次采取积极行动，因为按照上述声明，这些国家的银行理论上应非常健康。这种停滞必然会导致粉饰行为和资不抵债的蔓延。

3. 银行重组领域的"假朋友"

当资不抵债成为一个国家普遍存在的问题时，该国经济将遭受多方面损害。

- 支付系统出现扭曲。

- 资源将优先分配给处境艰难的企业，有前景的新企业被挤出。

- 利率飙升，以抵消银行贷款收益下降的不良影响。

- 政府不得不向资不抵债的银行提供流动性支持与补贴。

- 政府在最初将仅受到国有银行亏损的影响，随着整个系统内问题不断堆积，政府最终将不得不同时为公共部门和私人部门的亏损埋单。

这就是为什么当资不抵债问题越来越普遍时，关闭或重组问题机构才是正确的处理方式。在关闭与重组之间的选择应基于对两者直接成本与潜在系统性影响的比较。

若一家银行已严重资不抵债，且其股东不愿或无法注入任何新的资本，则如果政府决定不将其关闭，就应该将其彻底重组。这必然涉及由政府进行的资本重组（recapitalization）：通过注入资本和/或在剥离不良资产以弥补全部亏损并产生正向现金流。然而，仅对这些机构进行资本重组是不够的，还须变更其管理层以及所有权。在这种情况下，当务之急是要恢复现金流，并完成管理层和所有权的变更。鉴于此，一些看似符合传统智慧的重组政策应当受到严厉批评，它们是需要尽量回避的"假朋友"。

（1）通货膨胀终会抹掉历史亏损。但这并不能阻止"坏银行家"继续向过去的不良借款人（甚至向新的不良借款人）提供信贷。事实恰恰如此。俗语说："欠债人不死"。通货膨胀的确会发挥作用，但除非原管理层和控制人都被撤换，通货膨胀的影响远远不够。指望通货膨胀解决问题只会导致贷款质量进一步恶化，而资不抵债的状况并不会得到解决。

（2）银行合并。实践中，只有当两家银行资本都非常充裕（或都进行了必要的资本重组），并且至少其中一家银行的管理团队拥有必要的技能和专业知识以成功地整合另一家银行时，银行合并才是解决资不抵债的有效途径。否则，合并前的问题在合并后只会变得更加复杂。要知道，即使是两家资本雄厚、经营良好的银行之间的合并，也难免会经历一个相互磨合和权力斗争的艰难过程，不良影响可持续数年。唯一的例外是，当一方规模很大且具有偿付能力而另一方规模很小并已失去偿付能力时，小银行的亏损将在合并后的机构中被稀释，并且，这种情况下不太可能出现权力斗争的问题。

（3）资产重估。资产重估有时可用来达到增加储备金的目的。在通胀时期，银行有时被允许以市价对其资产价值进行重述，并在不产生任何税收影响的情况下创造价值相当的收入和储备金。这类措施通常允许银行提高账面股本，同时无须按资产负债表上确认的由通货膨胀引起的增长成比例地增加实际资本。这种资产重估的机制并不能帮助改善严重资不抵债机构的境况。只有注入真实的资本或用优质资产取代不良资产，才能起到真正的作用。

（4）持续提供流动性支持并为不良贷款进行再融资。这种操作实际上是用处理流动性问题的方法来处理偿付能力问题。在严重资不抵债的情况下，只有非常大量（且非常廉价）的资金供给才能带给银行足够高的收益以抵消历史遗留的亏损，并扭亏为盈。实际上，这几乎不可能发生。通常，持续提供的流动性支持仅能使银行维持运转，所提供的资金可能只能覆盖日常开支和管理费用，而亏损将继续累积。最后，若银行被关闭，所提供的流动性支持将杳然无踪；若银行被重组，则仍需以资本形式注入新的资金。此外，持续的流动性支持还给"坏银行家"带来负面激励，使其得以继续其失败的管理活动。

（5）向失去偿债能力的银行提供中期贷款和/或购买其发行的中期

债券。以这种方式进行的资产重组只有在以下情况下才能成功：新资金在贷款期限内所带来的净利润能够吸收全部存量损失并产生正向现金流。但这几乎很难达成，原因是：若贷款规模过大或成本过高，则可能无法产生足够的利差；贷款期限可能过短；银行可能因缺乏流动性而不得不将获得的贷款的一部分用于支付即时现金流出（包括运营成本）。

（6）通知缴付型资本或正式的增资承诺。当失去偿付能力的银行缺乏快速完成资本重组所需要的资金或政治意愿时，政府有时会诉诸这两种操作。然而，从技术上讲，受益机构将依然处于破产和资本流失的状态。为避免机构破产，政府可能会正式承诺在出现新的可用于资本重组的资金之前，政府将认购所需的增资（一旦问题银行的困难程度被曝光，须对其实行强制性的增资）。这可能是一种非常实用的方法。政府常常想象自己做得已经够多了，财务重组已经完成了。但事实上，这一方式对改善问题银行的现金流毫无意义——现金流仍然是负向的，银行股本所受的侵蚀依然有增无减。

（7）单纯进行债务重组。单纯进行债务重组（debt rescheduling）推迟了到期日与止赎权，缓解了借款人的流动性问题，却并没有提高借款人的偿付能力，除非贷款银行和/或其他债权人（供应商、政府等）同意减记，或借款人自身重组后财务状况得到改善；否则，出借人将无法恢复其自身的流动性与偿付能力（出借人已经承诺其将推迟止赎权，甚至承诺发放新的贷款）。即使当债务重组系基于借款人的偿付能力将得到改善的（乐观）假设，从而政府允许取消拨备时，情况也是如此。更糟糕的是，一些政府要求银行重组其向所有借款人发放的贷款，并在重新开始还款之前设定较长的宽限期。除非债务人普遍进行了重组，否则这种对借款人的外部纾困无助于改善债权银行的状况。

如果到期本息余额被减记，除非政府给予了直接补贴，否则银行必须在其财务报表中确认全部亏损。

（8）不充分的资本重组（recapitalization）。有多种原因可能会导致资本重组不够充分，其中最主要的是：a）注入的资本或核销的资产不足以吸收亏损存量；b）剥离出了足够的不良资产，但政府支付的价格低于账面价值，使得全部或部分亏损依然留在银行；c）采用低息政府证券注入资本或购买资产，但其利差不足以产生正向现金流。这三种常见情况都意味着有关银行并没有得到充分的资本重组。

（9）无息债券。有时，无息债券会用来支付银行重组过程中的增资与资产购买。这些债券在期限内累积的利息在到期时将被一次性支付，覆盖所购资产的账面价值。这种方式允许政府延缓相应支出，但无助于问题银行的现金流，因为在债券到期日最终支付复利之前，现金流仍然是负向的；这种方式也无助于改善问题银行的偿付能力，除非这些债券的面值不仅可以弥补现有亏损，还足以弥补债券期限内的持续亏损。

（10）债转股。通过债转股来进行金融重组的理由是：a）这种安排可以通过将坏账转换成问题借款人的股权来改善问题银行的偿付能力；b）银行可随后参与借款人的金融重组，从而提高银行自身的资产质量。然而，事实情况未必如此。事实上，银行所持有的与逾期债务人有关的任何资产（不论是贷款还是股份）的质量可能同样糟糕，并且需要计提相同的拨备。就银行参与债务人的重组而言，国际经验表明，银行家并不一定能成为工业和服务业领域的优秀企业家或管理者。此外，一旦银行成为借款人的股东，即使借款公司的情况没有得到改善甚至变得更加糟糕，银行也将承受继续向其发放贷款的巨大压力。

（11）保留原管理团队。若进行资本重组的同时，未罢免对破产负有责任的管理团队，那么问题很可能再次出现。因为在这种情况下，陷入困境的逾期借款人将继续获得贷款，回收程序将仍然无效，营运成本将保持救助前的水平，而内部控制将一如既往地不可靠。更糟糕的是，这种情况对不当管理行为形成了不当激励：银行家可以放任亏损继续扩大，因为政府无论如何都会对其进行资本重组。

4. 银行私有化领域的"假朋友"

私有化本身是一条良策，若使用得当，会起到鼓励竞争、提升管理效果和加强市场纪律的作用。但若使用不当，私有化也可能成为"假朋友"。

一些政府在对银行进行私有化之前未对其进行资本重组，或只对其进行了有限的资本重组。在可获得的预算范围内进行有限的资本重组的情况很常见。在这种情况下，当局通常会对外宣称亏损已完全得到处理，而不会对外承认亏损的真实规模，也不会寻找必要的资金与可以在数年内分摊财政损失的金融安排。结果是，银行在资本仍然不足甚至资不抵债时，就被交付私有化了。这使要找到一个具有相应偿付能力的健康的大型机构来充当新的所有者或战略伙伴变得困难得多；相反，不良候选人会很快出现。这些不良竞购者并不关心问题机构的偿付能力，因为他们最终将通过基于虚构利润的派息，或通过向自己或代理人发放贷款，获取回报并收回投资；资不抵债的状况将不会得到改善。这样的私有化绝对不是"真朋友"。要记住，私有化的主要目标之一是找到可靠的控制人或战略伙伴，以确保机构在未来被置于适当的管理之下，避免之前的问题再次出现。

私有化领域的另一个"假朋友"是：在银行仍未恢复偿债能力

的情况下（如上一例子所描述的情形）即面向一般公众进行私有化，并且提前并未寻找战略合作伙伴，也未建立起一支经验丰富的可靠的管理团队。在这种情况下，可想而知将意外频发。一种极有可能出现的局面是，不良股东群体将获得银行的控制权，从而导致上一例子所描述的情形，政府可能会因公开发售的定价过高而被告上法庭。

5. 银行机构重组领域的"假朋友"

若在对资不抵债的机构采取机构重组（reorganization）措施的同时（更好是在事先）对其进行资本重组，那么机构重组也可能变成一位"假朋友"。除非在财务上加以处理，否则世界上能力最强的管理者也终将沦为资不抵债的手下败将，最好的制度与技术也无法帮助资不抵债的银行重建股本。正如一位权威专家所说，在未进行资本重组的情况下所进行的机构重组，就如同只是"重新摆放泰坦尼克号上的躺椅"一样，丝毫无助于阻挡巨轮的沉没。

后记：

本章所描述的这些监管误区并非仅存在于过去，它们也存在于当前正在进行的多数监管改革中，这也包括2008年全球金融危机后在国际与国内层面实施的广泛的金融监管改革。

　　"假朋友"的一个事例是欧洲银行业联盟在这十年里所筹备与发布的监管法规。这些监管法规存在诸多问题，例如：统一监管机制与统一处置机制现已就位，却欠缺共同的存款担保计划；统一资本要求现已制定，但其中的一些条款却并不合理；新的规则提出了较高的资本要求，但对资产评估与及时拨备却未给予足够关注。

05
CHAPTER

第五章
掩盖"资不抵债"的动力学 [①]

① 本文节选自作者于 2005 年在秘鲁银行监管局出版的《金融问题杂志》（*Revista de Temas Financieras*）上发表的一篇文章。同期杂志还刊载了时任西班牙银行行长杰米·卡如纳（Jaime Caruana）的一篇有关巴塞尔协议 Ⅱ 的文章。

"通过粉饰行为或借入流动性在账簿中掩盖'资不抵债'的行为十分猖獗，这将给银行家、监管者与纳税人都带来毁灭性的影响。"

——阿里斯托沃洛·德·胡安

国际经验显示，当银行陷入困境时，往往不会对外披露其偿付能力和业绩的真实状况，而常常会通过财务造假来支撑门面。其结果是，一般公众、分析师、评级机构，甚至是外部审计师和监管者在很多时候都丝毫觉察不到银行所处的真实状况。这种状况甚至可以持续数年。

表1中的经验模型展示了问题银行对外披露的财务报表与现实情况之间的差异。该模型是笔者基于对世界各地问题银行和/或金融体系的实际情况的亲身观察所建立的。该表将一个虚构的问题银行（或银行体系）对外披露的财务报表（资产负债表和损益表）与基于适当的会计准则和核查（尤其是对资产分类、拨备与收入确认等的核查）调整之后的财务报表进行了对比，同时还展示了该银行现金流的真实状况。

表1简要列出了资产负债表中的主要项目，以及每个项目的假设收益和成本。损益表紧随其后，以反映银行的盈利或亏损状况，及其在税收、留存收益和股息之间的分配。

"经过粉饰的账目"列反映了陷入困境的银行家对外展示的银行形象。他们试图防止机构的真实情况为人所知，并尽量避免接收到监管机构命其进行资本重组的指令或其他干预。这样做是为了争取时间，期待以下某一情况的出现可以使问题得到解决：经济好转，通过高风险交易获得暴利，银行出售或合并，政府援助。

表1 掩盖"资不抵债"的动力学

财务报表与现实情况的对比：
一个经验模型

资产负债表	经过粉饰的账目			调整后的账目			现金流
	数量	%	收入/支出	数量	%	收入/支出	
现金	10	0	0.00	10	0	0.00	
固定资产	10	0	0.00	10	0	0.00	
贷款和证券	80	—	—	80		—	
优质	80	35	28.00	40	35	14.00	
不良	0	0		20	0	0.00	
坏账	0	0		20	0	0.00	
拨备	0		—	(20)		—	
总资产	**100**		**28.00**	**80**	—	**14.00**	**14.00**
权益	10			10			
（损失）	0			(20)			
净权益	10	0	0.00	(10)	0	0.00	
存款	60	15	9.00	60	15	9.00	
同业融资	30	25	7.50	30	25	7.50	
总负债	**100**	—	**16.50**	**80**		**16.50**	**(16.50)**
损益表							
金融利润			**11.50**			**(2.50)**	**(2.50)**
佣金			3.00			3.00	3.00
主营业务成本			(6.00)			(6.00)	(6.00)
折旧			0.20			(0.20)	
拨备			0.00			(4.00)	
其他收入与支出总额			**(3.20)**			**(7.20)**	**(3.00)**
税前利润/（亏损）			**8.30**			**(9.70)**	**(5.50)**
税金			(2.77)			(2.77)	(2.77)
留存收益			(2.77)				
股息			(2.77)			(2.77)	(2.77)
实际损失						**(15.24)**	**(11.04)**
模拟年份年底			累积亏损新增	(35.24)			
			净权益新增	(25.24)			

该模型代表一个总资产为100个货币单位（以便观察每个项目所占的百分比）的银行或银行系统。理论上，这家银行流动性很强（现金占总资产的10%），资本状况良好（股本占总资产的10%），并且盈利能力很强（税前利润占总资产的8.30%）。

虽然还有其他可能的做法，但粉饰账目的主要手段是：将全部贷款组合（80个货币单位）报告为"优质"与"盈利"。因此，"经过粉饰的账目"显示不存在不良资产。贷款和证券组合的平均收益率为35%，不需要任何拨备或冲销。然而，不幸的是，运营成本较高（占总资产的6%）这一事实无法被掩饰。尽管经营成本很高（相当于佣金收入的两倍），但由于不承认拥有不良贷款，税前利润达到了总资产的8.3%，这甚至超过了世界上最好的银行。该模型假设利润依照惯例进行分配，即利润的三分之一（2.77个货币单位）用来缴纳税金，三分之一作为储备金留存，最后三分之一作为股息分配给股东。

"调整后的账目"列则展示了为还原银行的真实情况而对财务报表所进行的调整。这种调整通常是由新的会计准则或做法、更严格的检查和/或政治意愿加强所带来的。

经过调整，在80个货币单位的总资产中，只有40个货币单位被归类为"优质"，其平均回报率达35%；另外有20个单位则被归类为"不良"，但在某一时点仍可收回（如已逾期的抵押贷款），这些贷款不产生回报，应计提拨备；剩余的20个单位为坏账和损失，这些项目不会产生任何收入，应予以核销。

回报被调整后，财务利润变为负值（–2.5个货币单位）。同时，坏账被核销意味着银行的净股本变为–10个货币单位。拨备分5年计提，因此需要在损益表中计入4个货币单位的费用。税前亏损达到9.7个货币单位。实际现金流量同样为负值（–5.50个货币单位）。

尽管在现实中已处于赤字状态，但银行仍对外宣称其利润丰厚（如"经过粉饰的账目"一栏所展示的那样），因此，纳税与派息也一如既往。这只会加剧实际亏损及现金流出——经过调整的亏损高达15.24个货币单位，负向现金流高达-11.04个货币单位。仅一年未采取纠正措施，累计亏损将高达35.24个货币单位。

表1所模拟的银行或金融体系实际上既不具有流动性，又丧失了偿付能力，更不用说盈利了。然而，通过持续地篡改财务数据，该银行依然能够通过吸收公众存款，以及从其他银行（甚至中央银行）获得贷款而保持流动性。这一方面是通过伪造账目实现的；另一方面则是通过为存款和其他负债支付高利率实现的。当其流动性来源最终枯竭时，其资本金可能损失数倍之巨了，尽管此时已为时晚矣，但政府仍将被迫采取行动。因此，与采取早期纠正措施相比，破产处置难度更大，成本更高，也更加痛苦。

无论是对于一家银行还是对整个金融体系而言，若资不抵债的状况未被坦率地披露出来，问题得不到解决，而公众和分析师所看到的都是经过粉饰的财务报表，那么，任何表面上看到的对最低资本充足率规则的合规和对市场的管控都只是假象。因为，这些合规与管理行为都建立在银行自身披露信息之上，这些信息不仅不充分，并且极有可能具有误导性，甚至可能与事实完全相悖。

后记：

本章所提出的理论模型建立在作者的职业经验之上。无论过去、现在还是将来，每当银行家与监管者遭受相关问题的困扰时，类似事件都可能上演。

06
CHAPTER

第六章

危机处置的障碍 ①

---

① 本文节选自作者于 1998 年 6 月在萨尔瓦多举行的世界银行第四届拉丁美洲和加勒比地区发展银行年会上所做的报告——《清楚障碍，准备战斗》。与会者还包括后来的诺贝尔奖得主约瑟夫·斯蒂格利茨（Joseph Stigliz），以及现任瑞典中央银行行长与巴塞尔委员会主席斯蒂芬·英格维斯（Stefan Ingves）。

"即使存在强有力的银行监管与完善的法律制度框架，对破产银行的处置仍会遭遇很多阻碍。"

——阿里斯托沃洛·德·胡安

"对道德风险的过分担忧会让人无所适从，因此，这种担忧要适可而止。道德风险并非不可避免，有时也并没有那么邪恶。"

——阿里斯托沃洛·德·胡安

1. 危机处置的障碍

当一家银行陷入资不抵债时，要么应由原所有者或新的合作伙伴对其进行资本重组，要么应将其关闭，除非当局认为该银行仍具生存能力，或者关闭可能引发更广泛的危机。许多政府秉持不关闭任何银行的总方针。这项方针可能是完全错误的，但它至今仍被广泛采用。在其他一些情况下，银行未被关闭或有效重组并非是某种一般性政策的结果，而是由处置过程中的重重障碍所造成的。

（1）财政纪律

保护纳税人的愿望是银行处置最常见的障碍之一，尽管这种态度非常不切实际。以下这组政府官员和政府顾问之间的对话可以很好地说明这一点。这组虚构的对话所描述的场景几乎是笔者现实经历原封不动的转录。

顾问：解决偿付能力问题的关键是要提供真实的资本。贷款（无论结构如何）、再融资、次级债务或任何其他类似安排都无法真正解决问题。财务造假、花哨的金融工程等所有这些更是毫无用处。

官员：您所说的这些我都明白，但您要知道，银行的所有者不会愿意去花钱填这个无底洞的。

顾问：是的，这一点我理解。那就关闭它吧！如果真的无法关闭，就用公共资金对它进行正式的资本重组吧！或通过各种方式让金融业为此出资。但一定要先冲销现有资本，这样才能将以前的控制人与管理层统统撤换掉，避免道德风险。一旦政府获得了银行的控制权，就可以将其出售给一个健康的机构。

官员：这是个好主意。但去哪儿找资本重组和破产处置所需的资金呢？没有多余的预算来做这些事情。我们不可能放松财政纪律，否则国际机构会杀了我们。所以，还是等到银行流动性出现问题之后，再动用央行的最后贷款人手段进行救助吧。我们可以对短期贷款持续进行展期，说不定哪天借款人就能把钱还了，谁知道呢。但真的没关系，因为这些贷款的财政损失一段时间后才会生成，我们现在需要争取时间。

顾问：很抱歉，但您必须知道，若一家银行流动性不足的状况持续数周，则它很可能已经资不抵债相当一段时间了，而且资金缺口可能已经很大了，而且还会持续增大。因此，正如我之前所说的，提供资本才是对症之策。这可以通过注入资本或通过剥离确认减值的资产并允许第三方（要么由政府，要么由金融机构）吸收相关损失来实现。无论使用现金还是政府债券都没问题，前提是它们具有较高的流动性。当然，我们谈论的是能够带来盈利与正向现金流的规模足够大的资本，而不是仅能弥补可能亏损的资本缓冲。

官员：不可能的。我说过，加印货币或增加赤字是不可能的。让央行来承担损失也绝不可能。解决方式只有一个：政府对外正式宣布，该银行的资不抵债状况是"可控的"。我们"决定"需要被冲销的累计亏损总额"不能"超过可获得的重组预算资金，然后拨出必要的减记金额。您看，问题解决了。如果仍有一些亏损未被处理，那也没关系，时间会解决这些问题。当然，我们会发布正式声明，向公众保证问题已得到解决。这能重建信心，确保我们获得国际支持，还可以争取时间。问题甚至可以留给下一届政府来解决。

顾问：真的这样做就完了。银行隐瞒真实状况并人为保持流动性，只会使亏损加速增长。不良资产融资成本不断上升就是很好的例子，其带来的巨大压力使新的存款和贷款被用于覆盖日常开支与管理费用，终将扼杀信用，导致金字塔贷款、信贷资源分配给最糟糕的债务人以及道德风险的加剧。财政账单当然也会快速增长，更不用说就业和经济也将受到伤害了。

官员：您真的认为我们无路可走了吗？您不认为经济增长会提供解决方案吗？我们是这样认为的，并且下一任政府会知道该如何解决这些问题。

顾问：什么都不做、依赖时间来解决问题是在自欺欺人！这是您所能采取的最糟糕的政策。一旦银行跌入了资不抵债的泥潭，亏损增长的速度就会远超金融业增速与整体经济增速，如同龟兔赛跑。指望债务人的偿债能力有所提升更是空谈。您难道没有意识到，不管亏损有没有被确认，它已经存在于系统中了吗？更重要的是，您已经以提供资本之外的其他方式付出了大量资金，如提供最后贷款人贷款，对向国有企业提供的银行贷款进行再融资，以及向银行及其借款人支付补贴等。为什么不制订一套结构合理的方案，更加合理、有效地使用上述措施呢？当前的解决方式只会带来成本，却并不会带来收益。

官员：请恕我不敢苟同，您的建议会让我们的金融系统破产。

顾问：请您三思。我的建议并不会让金融系统破产，因为不管我是否如是说，也不管您是否承认，金融系统已经破产了。是银行家造成金融体系破产的，有时再加上政府的纵容或默许。我只是在希望您清醒过来，控制住局面。这关系到经济的稳定、增长以及支付系统的正常运行。拖得越久，代价就越高。法国人常说，"你无法在不把蛋打破的情况下制作煎蛋卷"。显然，稳定是有代价的，保护存款人也一样（顺便说一句，存款人因监管的疏失已经损失惨重了）。别再缩手缩脚了！可没有什么灵丹妙药。

我恳请您做三件事：一是在财政政策和货币政策领域遵从传统智慧；二是尽量发挥想象力来减轻、分摊和/或抵消破产带来的无法避免的财政与货币影响；三是建立有效的破产重组体制机制。

（2）处置主体的缺位与不协调

当某个国家进行首例破产重组时，相关法律制度与专门的负责机构可能还没有就位，这无疑会带来不同的处置主体之间职能与所需行动的不确定性。一般而言，负责破产处置的机构将是财政部或相当于财政部的国家机关，以及中央银行或独立的银行监管当局。一些国家（如美国）还存在其他一些专设机构，专门处理破产和处置案件。然而，这些机构之间往往缺乏有效的协调，从而阻碍了迅速决策与有效行动。若这些机构在重组过程中力争上游，地盘争夺战可能随时爆发。不过，机构之间互相推诿扯皮（直到由央行最终接手烂摊子）的做法更为常见。

（3）法律的不确定性

当政府资金被用于问题银行的关闭与资本重组时，这些银行的原控制人理应失去他们的投资回报与投票权，原管理层理应丢掉饭碗。他们的利益、逾期借款人的利益，以及一些雇员的利益将不可避免地受到新控制人重组战略的影响。为维护自身利益，以上失败者往往会基于技术错误、征用、政治动机、歧视性待遇以及腐败等指控对监管当局提起诉讼。因此，需要有清晰而设计精良的立法提供法律确定性，在此基础上，当局才能采取必要的危机处置措施（有时会非常严厉）。法律框架必须明确授予当局以下权力：撤换原控制人和管理层，收购与出售破产银行股份及其资产，以及定价权。司法程序必须具有终极性，并尽量便捷。而在缺乏法律确定性的情况下，当局可能会认为最好不要承认有问题或采取任何行动。

毋庸置疑，问题银行的原所有者和管理层理应被允许捍卫其自身利益，但最好是在事后；否则，若其仍保有所有权与行政职务，则关闭或处置势必会受到阻碍或被耽搁，从而造成进一步的亏损和破坏。基于过于悲观的诊断而不必要地关闭或重组银行的错误几乎闻所未闻；相比之下，让资不抵债的银行继续运转的错误则太常见了。

（4）资不抵债和止赎

许多国家有关资不抵债和丧失抵押品赎回权（止赎）的法律以及相关的法律程序都已过时，并且无法满足金融机构的特殊需要。清算程序往往旷日持久，并且官僚化问题非常严重，这使得随着程序推进，相关资产可能已大幅贬值。同样，针对逾期债务人的担保执行往往也非常缓慢，并且回收率极低。腐败也会时常出现。这些问题对有效重组构成了严重的障碍，只有通过立法改革相关规则和程序才能使这些问题得到解决。

（5）"大而不倒"

有些银行规模非常之大，不仅难以管理，而且难以控制、监管与关闭。对这些机构而言，即使其已明显资不抵债，其合并财务报表的复杂性也可能会导致无法对其展开任何现实的诊断行为。而且，即使能够诊断出这些银行的弊病所在，处置或国有化将给整个系统带来的剧变也常常会阻碍政府与监管者采取行动。更糟糕的是，规模意味着权力，一家"大而不倒"的银行可能会左右政府和监管机构，使它们几乎不可能采取必要的纠正措施，事实上，监管机构有时甚至会为这些庞大机构所控制。这显然会对市场产生负面影响，因为竞争对手将向监管机构索取同样宽容的待遇。

（6）政治意愿的失败

这可能是采取及时、彻底、有效的危机应对措施所面临的最主要的障碍。政治意愿的失败既可能发生在政府层面上，也可能发生在监管者层面上。有时，监管者确实衷心地试图履行职责，却发现政府指示其不要采取严厉措施或装作视而不见。最完善的法律规章也会因这种政治意愿的失败而失效，监管机制和处置工具的作用发挥也将受到阻碍。

造成政治或监管上的优柔寡断的主要原因包括：

• 不想扰乱政治或经济阵脚（即使局势已经岌岌可危，任何成功的局面都不能持久）。

• 决定不揭穿前期虚假的必胜信念或破坏选举前景。

• "跛足鸭"（译者注：意指任期即将届满）政府无法获得采取有力措施的政治支持。

• 为了避免损害政府的朋友和客户的利益（尤其是在破产可能带来广泛的系统性或行业风险的情况下），更不用说与决策者关系密切的借款人来进行游说了。此时，不作为还可能伴随着腐败。

2. 对道德风险的一些评论

道德风险在许多方面都发挥着重要作用，它是人性的一部分。一般而言，道德风险意味着人们在不当激励下从事反常行为（常常是荒谬的冒险行为）。政府政策有时的确会导致道德风险，但人们对与金融体系相关的道德风险的担忧可能过于简单化了，以至于这种担忧不加甄别地弥散到了所有银行规制领域。例如，存款担保计划和银行救助几乎总因道德风险而受到谴责。

然而，我们需要对这些问题进行更深入的反思，以澄清道德风险何时才是真正的危险，何时不是，以及何时甚至是次要于其他考虑的。这一点不仅对立法者而言很重要，对那些整晚开会讨论如何处置银行危机的睡眼惺忪的决策者来说也是如此——此时"止血"才是唯一要务。在这种情况下，避免道德风险不应成为首要关注。

（1）道德风险和银行家

某些情况可能会鼓励"坏银行家"从事高风险交易或欺诈行为，或为了维持生计而展开全套的专业失当行为，在已经资不抵债时支付高昂利率。上述情况极有可能发生于银行家因规制制度框架过于宽松而有恃无恐的情况下——这是典型的道德风险。而如果银行家毫无疑问地相信官方干预的威胁真实存在，相信其可能会失去投资、银行与社会地位，并最终被拖上法庭，那么上述情况就不会发生。遗憾的是，银行家并不会因储户可能失去存款而失眠。

规制与监管不力会放任资不抵债、内部人借贷以及欺诈行为的肆虐，从而带来道德风险。如果立法框架和监管安排有力，问题将很快被识别出来，当局可以要求计提拨备并压缩股息或管理层激励计划，关闭破产银行并注销其股本，以及撤换原股东和管理人员，从而避免道德风险带来实际后果。

全额或较高的显性存款保险势必将产生道德风险；但在根本没有存款保护的情况下也可能会产生道德风险，因为这种情况通常意味着存款已得到了事实上的充分担保。全额存款保险（无论显性还是隐性）会使监管者基于成本考虑难以作出关闭银行的决定。当银行家知道自己的银行不太可能被关闭时，会倾向于涉足高风险活动。而当存款保险计划由法律明文规定，且仅保护适当存款额度时，上述现象就不会出现。

银行重组是否会助长道德风险？若资本重组不会对原所有者和管理者造成影响，那么答案是肯定的。当资本重组被无限期推迟时（无论是由于缺乏资金和强有力的监管机构，还是由于缺乏政治意愿），情况也是如此。而若及时进行了重组，原所有者和管理人员也被撤换，尤其是若违法者会面临法律诉讼，那么银行家们将竭力妥善经营他们的银行。在这种情况下，政府行动的威慑力将显著提高，如同纸老虎长出牙齿。

若最后贷款人贷款的期限较短，并且其数额刚好足以弥补偶然和暂时性的流动性不足，就不会带来道德风险。这是所有银行体系都应采取的标准做法。相反，若监管法规或当地实践允许此类流动性支持的数额持续增长，且期限可以无限期扩展，道德风险将会上升。此时，"坏银行家"会观察到，中央银行不会要求为这类长期流动性支持提供足额担保，而会持续投入更多资金来挽救机构。这将使银行家相对于中央银行处于更有利的地位。"太迟了。有本事现在就把银行关了。"在这种情况下，最坏的银行家甚至可能将从中央银行获得的资金中饱私囊。

（2）道德风险和储户

在规制活动与监管活动始终未能发现、解决问题，存款受到了全额保护，且政府从不关闭破产银行的情况下，道德风险也会对存款人产生影响。在这种情况下，存款人会不假思索、自然而然地把钱存入利率最高的银行。这些银行很可能是最糟的银行，它们支付高额利息以保持"外在的"流动性，从而隐匿其潜在的流动性不足与资不抵债状况而生存下来。而若存款保险存在必要限额，则存款人的道德风险将大大降低。毕竟，存款保险只是为了激发人们对市场的必要信心，并防止重大的社会灾难。从这个角度看，存款保险可算是一种恰当的折中方案。

同样，在处置机制方面，对存款提供完全的保护也会带来道德风险。但如果重组可以防止系统性传染，则存款人的道德风险无论如何都可以被视为小恶。

此外，人们可能会问，存款人所获取的信息通常既不充分也不可靠，他们有能力鉴别"好银行"与"坏银行"吗？实际上，考虑到即使是评级机构、投资银行家、审计师甚至监管者的诊断有时也大错特错，并且，指望银行坦率地披露其自身存在的问题只是空想，如何能期待储户一定能作出正确的判断呢？

（3）道德风险和债权人

一些旨在确保机构持续经营的重组措施事实上起到了保护债权人的作用，此时，上述关于未保险储户的讨论在很大程度上也可以适用于债权人。但若作为重组计划的一部分，债权人所持有的次级债和其他债权的全部或部分可能被减记或转换为长期负债或股权，那么债权人的道德风险将在很大程度上被消除。

（4）道德风险和监管者

只要监管法规强而有力，分析师和银行检查人员素质良好、履职高效，制裁制度足够严厉，关闭和重组的政策切合实际且负责机构能够发挥应有效用，监管者就不会面临道德风险。然而，若存在本章所述的障碍，监管者可能会停步不前，不去识别银行的偿付能力问题以及其他问题，以防最后要由自己来收拾烂摊子。

若监管者在早前困难时期所采取的行动过于松懈或存在缺陷，则他们也有可能面临道德风险。这可能使他们对一些问题保持沉默，因为对这些问题的识别与解决将揭示他们在过去曾犯下的错误。

第七章

破产重组的金融伦理 ①

---

① 本文为作者于 2011 年 10 月 26 日在巴伦西亚的商业伦理和组织基金会（Fundación ETNOR）所举办的研讨会上的发言。该次研讨会由伦理学教授阿德拉·科蒂娜（Adela Cortina）主持。

"缺乏透明度会对公司治理造成破坏，尤其是在存在监管宽容的情况下。当公然如此时，可算是欺诈了。"

——阿里斯托沃洛·德·胡安

我既不是经济学家，也不是哲学家，更不是商业伦理方面的专家。在大学时，我所学的专业是法律。而在工作后，我的职业是银行家，在这个耀眼的前沿阵地上，我有很多机会直接观察经济运作的方式，以及了解人：我对银行家、银行员工、监管者和审计师在这个复杂共生的金融世界中的行为模式进行了认真的观察。

我无意对他人评头论足，因为我并非法官。我也不想假装相信生活中的一切都百分之百完美，银行业也并不完美。尽管如此，我还是想就我亲眼目睹的情况谈一些自己的看法。

几天前，我告诉我的大儿子，我要来这里就银行伦理问题发表演讲。他笑着说："这大概只需要一分钟的时间吧！因为只需一句话，您就可以结束演讲了——'银行伦理遭受到了巨大的破坏'。"

好吧！不过我不会在一分钟内结束这个演讲的，我希望你们能够容许我占用更多时间。我不想将演讲局限于与银行重组有关的伦理问题以及重组过程中涉及的不同方法、阶段和程序，我想从在危机的生成阶段可观察到的行为开始讲起。这将涉及以下问题：危机是如何发生的？这个过程的哪些阶段可以从伦理角度加以审视？我想要特别强调的是透明度问题，不仅包括银行及其管理人员行为的透明度问题，审计师和监管者行为的透明度问题也值得思考。这之后，我才会转向重组本身的伦理问题，并提出两个关键性问题：关闭银行是否道德？以及让他们继续经营下去是否合乎伦理？

1. 危机的生成

银行业危机可能既有宏观经济根源，也有微观经济根源。宏观原因包括国际传染、一个或多个经济部门（例如房地产业）的危机以及石油或其他主要商品价格的急剧变化等。同样，危机也可以由微观经济或制度因素引发，例如，在批发市场上过度举债导致一夜之间账户被冻结，将信贷全部分配给不具偿债能力的借款人，以及缺乏适当的控制机制和纠正措施等。规制薄弱和监管不力即使不是引发危机的触发器，也将为其创造条件。而缺乏透明度会通过阻碍不良的现实情况被尽早识别以及决策被及时作出而使上述情况进一步恶化。

金融业有别于其他行业的一个重要特点是，资不抵债将先于流动性问题出现。换句话说，若一家银行几个月来一直显示流动性不足，那么，可以有把握地说，它实际上已经资不抵债好几年了，而且资不抵债的程度在不断加深。但通过篡改账目与支付高额利息，这家机构仍可继续吸收存款，尽管此时的吸储行为已明显具有欺诈性质。而与银行相反，在工业企业中，流动性不足的问题出现在先，进而才会走向破产，届时将由法院来确定该公司是否真的资不抵债。

一家公司财务状况的恶化在经历多个阶段后才会最终达到资不抵

债这一顶点。从"好银行家"到"坏银行家"的质变是如何发生的呢？

设想有一家财务稳健、运营良好的银行，能够发放优质贷款、赚取合理的利润以及分配股息，并妥善对待其员工和客户。然而有一天，该银行的管理人员犯下了一些任何人都可能犯的技术性错误。犯错的原因可能是能力不足或是未能适应变化，甚至可能是大环境中管制的急剧放松。这样的技术性错误不应受到任何伦理上的负面评判。它们仅仅是错误。尽管如此，它们可能会使资产负债表失衡、银行背负更多债务，并且使杠杆率升高。贷款会越来越集中于有问题的客户与脆弱的经济部门，回收无法得到保证。银行的净利润将受到损害，股本和流动性也将受到影响。为增加流动性，该银行将提高存款回报率，而这只会使其陷入利润恶化的恶性循环之中。然而，此时尚未达到毫无希望的境地——以上毕竟只是技术问题。应当如何进行补救？股东和高级管理人员应公开承认银行实际面临的困难，以实现新资本的注入，并撤换失败的管理人员。与此同时，须让市场相信纠正措施正在被施行。承认真相会增强信息而非破坏信心。然而，一些银行家宁可拖延时间，也不愿公开承认问题并改变管理方式，他们期待解决方案很快会从天而降，或情况会发生变化，同时他们还会设法阻止存款外流或股价下跌。他们渴望保住他们的工作，因为银行高管的薪酬和社会地位都很高。

下一步是财务造假。财务造假只是将问题掩盖了起来，问题并没有得到真正解决。谁可能是财务造假的幕后参与者？首先是股东和银行管理人员，因为他们是制定相关政策并在账簿上签字的人。但审计师和监管人员也往往并没有将假账识别出来。

如上所述，银行管理人员进行财务造假的原因显而易见，但审计师为什么会容忍这种行为呢？审计师的作用非常关键，他们经常在透明度问题上与管理人员发生争执。但有时，他们会放弃与"创造性"会计行为的持续斗争。因为对于审计师而言，这里存在潜在的利益冲突。他们事实上在为谁工作？他们应向谁报告组织的财务报表是否可靠？归根结底，是客户，而审计师总是希望能留住客户。审计师也可能对其授权的本质存在误解：传统上，审计师仅被要求说明财务报表是否"真实和适当"地反映了一个组织的财务和经营状况；而最近，审计师还被要求对被审计机构的未来前景发表意见，虽然这一概念本身出发点是好的，但却可能带来不良后果。为此目的所做的预测和计划对目前情况的看涨可能过于乐观，而管理层和审计师却都倾向于不予以纠正。这可说是对审计授权的一种误解。此外，未能识别存在偏差的报告也可能仅仅是由于审计师资历太浅，或专业水平不够。对审计公司而言，为了赢得业务，它们常常会给出很低的审计费用报价，然后再通过向审计团队委派较为资浅的专业人员来节约成本。审计师也可能感受到来自政治方面的压力，或者更罕见地感受到来自监管当局本身的压力（在监管者迫切希望将令人失望的现实掩盖起来的情况下）。

监管者也可能只是忽视了透明度问题，要么是由于监管法规过于薄弱，以至于缺乏要求机构合规的充分的法律依据；要么是因为他们自己对规则的适用太过宽松。此类案例几乎总是牵涉到对经济前景与机构本身过于乐观的看法。在我看来，只要整体经济和业务发展都在向好，在短期内出现审慎而适度的监管宽容是没有问题的。然而，若整体经济或银行业务预期将出现衰退，这种容忍无异于自杀，因为它只会加速组织的衰弱。然而，这一点似乎并未被广泛理解。此外，监管宽容有时反映了监管当局决心不足或政治意愿的缺乏。

财务造假究竟是如何进行的呢？方法当然有很多，但最常见和最重要的（就结果而言）方法是——对有问题的贷款进行"再融资"。常见的实现方式为：延长还款期限并为借款人虚假付息行为提供融资，从而确保"常青"贷款的延续。"你欠我贷款本金100元，外加利息8元。不过别担心，我会以更长的还款期限再借给你108元，这样你就能偿还上笔贷款的利息了。"可以非常肯定地说，最糟糕的贷款——那些规模极大、质量极差足以使银行破产的贷款——几乎从来不会被归类为"违约"，它们通常被正常对待。因此，这些贷款不会被提取任何拨备，也不会被暂停计息。这意味着，部分利润、拨备、新增储备金和资本金实际上是虚构的。这种做法蒙蔽了股东的双眼，给他们带来银行状况非常乐观的误导，从而使他们继续购买和持有股票。这也给存款人带来误导，使他们继续将现金存在该银行。市场与监管者也都受到了误导。那么，请你们自己来判断虚假会计是否合乎伦理。

公平地说，具有倾向性的财务报告行为不仅是一个会计技术层面的问题，而且是一个严重的伦理问题。它对于掩盖初期的危机情况、造成局势恶化和拖延纠正行动起到了关键性的作用。管理者对股东负责；审计师应同时对股东和市场负责；监管者应对整个社会负责，确保金融体系的透明度和稳定性。因此，若问题被忽视进而无法被纠正，事态将会变得非常严重。此外，监管者的不作为向整个系统传递了一条不当信息："想做什么就做什么，没关系的。"

现在，银行家的不当行为进入了一个新的阶段：银行账目到现在已具有彻底的误导性了，并且没有为此采取任何应对措施。自此，一个恶性循环开始了，更严重的问题将不断出现，并无一能得到解决。银行家不愿对机构进行正常的资本重组，也不愿更换二流经理人，更不愿承认银行的实际情况，因此，他们只好增加赌注。然而，银行家赌徒式的冒险行为通常会以失败告终，因为高风险就是高风险。这种恶性循环有多种表现形式，最严重的一种是风险集中于僵尸客户。这是因为银行撤回对重要客户的支持可能导致该客户破产，进而给银行自身带来巨大损失。尽管并非不可避免，但这可能会诱使银行家向已经陷入困境的借款人发放更多贷款。此外，当一个组织开始大量投资高风险行业时——石油危机时投资石油，房地产危机时投资房地产——这种恶性循环也很明显。他们的想法是，"价格肯定会上涨，然后我就能走出困境"。

经济学理论认为高风险是可以接受的，因为它可以通过高利率得到补偿，尽管这种想法可能不切实际。事实通常是，为合同设定较高利率的银行会首先吸引不稳健的债务人，因此不太可能最后收回利息甚至本金。投机是恶性循环的再下一环。鉴于相关市场价格正迅速上涨，投机者会购买一项资产以期转售获利。但事实上，这样的市场很容易跌到谷底，彼时投机者将血本无归。

现在，我们到达了一个充斥着更加可疑的行为的阶段。首先来看虚假收购库存股的操作，这种操作介于会计造假和欺诈之间。当一家银行陷入困境时，其股价很可能会下跌，为支撑股价并防止其个人财富缩水，管理人员可能会让银行在公开市场上回购股票。这种策略也鼓励投资者继续购买该银行股票，但此时的股票价格已不再反映其公允价值。也正因如此，大量持有库存股也会对银行自身的资本金造成损害。更糟糕的是，当银行家如此行事时，他们使用的是他人的钱，而非银行自己的钱。从伦理的角度来看，这种行为无疑是可耻的。

接下来是银行家堕落的第五个阶段——彻头彻尾的欺诈——灾难即将来临。随着结局的临近，银行家发现，他们为逃避毁灭所做的一切努力（很大程度上是为维护其自身利益）都失败了。银行已经彻底丧失了偿付能力。行政干预和破产清算近在眼前，同时，与股东之间的冲突无休无止，法律诉讼的浪潮也奔袭而来（这些诉讼很可能在银行最终清盘时才会终止）。我经常听到以下悲哀的借口："这不是我的错。这一切都应归咎于那些专家和管理经济的政治家，还有那些针对我的人。"然后还有一些人咬着牙说："家庭对我来说是第一位的，为了保护家人我愿意做任何事。"

欺诈行为有哪些？当然，有无数的可能性。其中之一是"自我放贷"——银行家向他直接或间接拥有或控制的公司贷款，或通过"傀儡公司"和代理人完成贷款操作。他可能会解除这种虚假贷款上的留置权，或者将其放在"傀儡公司"名下。然后安排"钟摆"交易，令"傀儡公司"以低于公允价值的价格购得银行拥有的高价值资产，或令"傀儡公司"以高于公允价值的价格将其持有的已减值的资产出售给银行。当然，还有许多其他方式，比如通过操纵遣散费、薪酬和养老金中饱私囊。当然，为避免受到法律追责，这种操作必须找准时机。而金融伦理则从来不在银行家的考虑范围之内。

若审计师和监管者无法制止这些欺诈行为，他们实际上就放任了有关机构状况的持续恶化。最终成本只会更高，纳税人将不得不为此埋单。

以上就是银行陷入资不抵债的原因，这些原因既可能前后相继发生，也可能同时发生。现在面临的问题是，对于这家已经资不抵债的银行而言，是要重组它，还是要关闭它。

2. 破产重组的金融伦理

尽管银行家采取了上述各种拖延战略，但当银行已资不抵债的真相最终被揭露之时，只有两个可选方案——关闭或救助。

关闭意味着撤回该银行的牌照，并启动正式破产程序，有时还可能会导致刑事诉讼。关闭一家银行合乎道德吗？如果诊断是正确的——银行确实已资不抵债了，而银行家本身却没有采取任何纠正措施，也没有回应监管机构采取纠正措施的要求，那么关闭应被视为是合乎道德的。但事实上，出于对"系统性风险"的恐惧，除了一些影响较小的孤立的个案之外，银行几乎很少被关闭。因此，默认选项通常是救助和重组。问题银行可被交到一家实力更强、有能力保证其有一个良好未来的银行手中。这样做并不是为了拯救银行家，而是拯救支付系统和存款人，并防止风险传染。救助过程中可能需要监管当局的干预，以更换董事、高管，变更所有权（可以是自发的，也可以由当局主导），强制性地削减成本，以及向有能力完成重组的机构配售或出售控股权。接下来是由买方或政府机构清理从失败的银行中剥离出的不良资产，以确保救助成功。如有必要，还可以注入额外资金。

现在让我们从伦理的角度对救助和重组的一些基本要素进行检视。干预是道德的吗？撤换银行董事和经理是否正确？当干预的目标是阻止失控的进一步恶化，限制公共财政成本，以及机构垂死挣扎造成的市场扭曲和欺诈时，答案是肯定的。这是由于在存在传染风险的情况下，保护支付系统、储户、债券持有人、纳税人和整体经济的做法是正确的。

损害银行股东持有的股票价值，甚至剥夺他们的股权是否合乎伦理？答案同样是肯定的。股票价值可能会在多种情况下受损。

• 在股票已上市的情况下，若投资者察觉到了该银行的状况正在恶化，那么股价会不可避免地下跌。这是市场规律，无须进一步讨论。

• 在股票未上市的情况下，大股东应对其自身资产的减值负责或允许其减值。他们把自身利益押在了这家银行上，就应当愿赌服输。更有甚者，控股股东往往在股价下跌前就已通过自我交易获取了某种形式的"补偿"。

就原股东所有权的丧失而言，银行资本金受损将使股东所有权价值降为零，甚至更低。由原股东继续拥有银行所有权只会使局势进一步恶化。

削减成本合乎金融伦理吗？削减成本的关键是缩减员工人数。当目标是清除妨碍有效商业运作的不称职的员工与任何可能从事了渎职行为的员工时，免职显然是正确的。裁员也可能只是为了确保机构的生存能力。提前退休、自愿离职计划，甚至裁员，都可能是完全合乎伦理的，因为事关银行的生死存亡，两害相权当取其轻。换句话说，在替代方案是关闭银行并失去银行所提供的所有（而非部分）工作岗位时，提前退休、自愿离职计划，甚至裁员等方案无疑是正确的选择。

真正引发严重伦理问题的是付给问题银行管理人员的薪酬，特别是在银行已获得政府援助的情况下。诚然，为扭转颓势而新引入的董事和管理人员理应被支付优渥的薪酬，但凡事总要有一定的限度。与此同时，原先管理人员应当要么被罢免，要么接受最严格的薪酬约束。

这类问题有时也会在运营状况良好的银行之中出现。高管薪酬问题最近在美国乃至在全球范围内普遍遭到批判。事实上，不仅仅是银行家，就连一般商界人士也会习惯性地抛出一个强有力的论点：若高管薪酬受限，企业将无法获得与留住最优秀的人才，这将最终损害企业自身利益。但这一重要考量必须受到一定的限制，仍有必要避免高管与普通员工之间的薪酬差距过大。

重组过程中的另一个关键性问题是公共资金的注入。由公共机构（归根结底是由纳税人）注入现金对问题银行进行救助是对的吗？我认为，在最终目标是为了拯救系统的情况下，选择注入公共资金是对的，但其同时必须要伴随着所有权和管理层的变更。而当目的是造福导致或放任银行状况恶化的所有者和管理层时，注入公共资金是完全错误的——这是基于伦理与效率两个方面判断的结果。

另一个关键的重组措施是贷款回收。不良债务人应当获得同情吗？对那些为偿还贷款苦苦挣扎的人施加更多压力，这合乎伦理吗？我们在此时不要忘记，银行借出的并不是银行自己的钱，而是由存款人善意托付给银行管理的存款。因此，银行有义务收回并返还这些资金。此外，债务催收是商业生活的核心。古老的罗马法的基本原则之一就是"协议必须履行"，或者更宽泛地说，"不能出尔反尔"。一项贷款构建了一项合同法律关系，其说到底建立在借款人的承诺之上。此外，不回收贷款会对市场上的贷款机构和借款人产生不当激励，助长一种"无人收、无人付"的文化，这会给整个系统带来破坏。贷款机构的贷款政策会倾向于忽视，借款人会倾向于借入超出其实际需要的贷款数额，并且可以在不受惩罚的情况下拒不还款。

最后一个问题是资产清理。理论上，资产清理应在最佳竞争条件（价格和期限）下进行。但实际情况是，任人唯亲的风气甚至腐败之风不时盛行，这在道德层面显然是错误的。

08

CHAPTER

第八章

流动性和欣快感①

---

① 本文于 2007 年 3 月发表于西班牙《五日报》，4 个月后，也就是 2007 年 7 月，全球
  爆发了严重的流动性危机。

"流动性过剩会削弱银行家的风险意识，鼓励不计后果的增长，甚至可能最终导致资不抵债。"

——阿里斯托沃洛·德·胡安

　　我曾在英格兰银行的一位官员那里见到过一份休·麦卡洛克（Hugh McCulloch）撰写于1863年的《对银行家的忠告》，它被精心装裱并悬挂在墙壁上。麦卡洛克当时在英国货币监理署担任署长，后来还曾任美国财政部长。这封短信列出了九条简明扼要的基本原则。无论是对于与麦卡洛克同时代的人，还是对今天的银行家而言，这些忠告字字珠玑，并言辞犀利。他圣训："永远不要仅因为找不到存放现金的地方为票据延长期限。"

　　上年12月，欧洲央行一周之内两次发布对于"上市公司杠杆收购浪潮"的警告，称"这一浪潮可能会对银行系统的健康产生影响"，类似现象已在美国造成了大面积的银行破产，给整体经济带来了巨大的负面影响。欧洲央行还指出，今年秋季，欧盟企业贷款增速达到了自1999年欧洲央行成立以来的历史高点，与此同时，企业负债率从GDP的135%增长到了165%。一些欧洲国家的中央银行甚至开始敦促银行家们以审慎利率发放贷款，并在风险评估中保持谨慎。

今年1月19日，英国《金融时报》刊发了一位来自英国的银行高管的一些信件片段，在这些片段中，这位高管提到了一些有趣的现象："我从未见过像现在这样的情况。""市场似乎已经忘记了什么是风险，市场似乎相信所谓的'流动性之墙'（wall of liquidity）将永远存在，波动性已成过去。""我不相信历史上曾有过如此虚弱的机构持有如此大比例的高风险资产的时候……这些机构将无法承受任何可能对信贷可得性产生负面影响或导致市场低迷的事件。"这位银行家总结道，"我不确定以下哪种情况更糟：当与'市场参与者'交谈时，他们通常认为'这次的情况是不同的'；而当与'老手'交谈时，他们私下承认市场存在泡沫并且泡沫迟早会破裂，但他们只希望在拿到下一笔奖金前不要出问题"。的确，国际经济前景似乎一片光明，"基本面"看起来非常好。这或许说明，当时所作出的乐观的风险评估具有一定程度的合理性，但今天我们知道，当时的实际情况并不乐观。

很明显，经济周期的持续时间已经改变。并且，当前充裕的流动性可能导致更加冒险的贷款政策与风控的放松，后者本应建立在对潜在借款人严格分析的基础之上。若银行为确保其自身业务量和利润的强劲增长而过分热衷于存放游荡于市场上的热钱，尤其是若这些政策与保持股价高企以及"为股东增值"的决心相结合，或贷款主要是为了加强银行在可能的并购中作为买方或标的的地位以寻求更有利的换股比率和交易完成后的权力分配，那么情况就更加如此。此时，很容易忘记"重要的不是账簿中反映的资本利润率，而是现实中实际的资本利润率"——这是一位遵循传统的银行家对我的忠告。

鉴于廉价资金非常充裕，国际银行向高风险国家的企业和政府提供了巨额贷款（即使不能说是"强行推送"）。不管这些资金是否会在之后得到有效利用，这些贷款的接收者都简直不能太开心。他们当然知道自己很难偿还这些贷款，但他们似乎认为"贷款者应在放贷之前应衡量其自身风险，所以这是他们的问题"。于是，事情就不可避免地发生了。

20世纪90年代墨西哥"信贷狂欢"的后果至今令我记忆犹新。当时，墨西哥刚刚完成了一轮银行私有化改革，这轮改革在很大程度上是通过买家贷款来融资的。这仅仅是一个例子。银行业务的经典规则之一是，信贷增长应与第三方存款增长保持一致，不应过于依赖其他较不稳定的资金来源。这一规则在今天仍应是银行制定政策所需要遵循的，但却似乎已湮没于庞大的银行间流动性和市场上品类繁多的金融产品之中。

此外，流动性过剩导致银行最大客户的贷款金额达到了前所未有的高度。不乏有银行家认为，对于高信誉客户而言，应为其设定一个较高的信贷限额，而对贷款的逐单审查则没有那么重要。此外，仅出于惰性，银行就不太可能适时地对借款人的信贷限额进行重新复审。

证券市场的情况如何呢？股票市场在一刻不停地上涨，历史纪录被不断打破。这一趋势在某种程度上建立在多数公司的强劲表现和低利率的基础之上，但其在一定程度上也应归因于行业内与行业之间的收购狂潮。实际上，这是一场"狂热"，而非正常的市场现象：受到投资者追捧的主要公司的股票市值在一年多一点的时间里翻了一番，并分派了优厚的股息，但它们的规模和业绩显然无法支撑如此惊人的股价与红利。但市场上充斥的乐观气氛同时刺激着交易参与者与旁观者的神经。人们的口号是"仍有增长空间"。这幅画面中的一个关键特征是，一些主要并购交易实际上是通过银行贷款提供资金的，因此总有一天需要偿还本金利息。这似乎是显而易见的，但我们应扪心自问，这些交易的标的和买家是否能产生足够高的回报来偿还债务？如果他们破产了怎么办？彼时，买家似乎仍可以通过投机性地抛售股票来脱身。但如果这些资产不能以足够高的价格出售，那么容易想象，这势必会对买家（或许还有银行）财务报告的透明度造成不利影响。

投资银行在这一切中扮演的角色令人生疑。目前，投资银行在世界各地的业绩增长都是非凡的。显然，这在一定程度上应归功于目前的并购热潮——投资银行是并购热潮的积极参与者。这一切甚至会让人怀疑：投资银行是否正在为了其自身的商业目的而"煽动"市场情绪？

让我再简要地介绍一个可能进一步增加了问题复杂性的因素——《巴塞尔协议Ⅱ》这一国际新规将导致许多金融体系中最低资本要求的降低以及可能的拨备计提不足。这是由于《巴塞尔协议Ⅱ》中用来计算资本金的参数存在问题，以及新规则所允许的自律范围的扩大将使得银行家和监管者采用更为宽松的风险核查机制。

本文提出的所有质疑对金融体系的稳定而言都至为关键。同样重要的还有抵押贷款这一古老的议题，但本文未将其纳入讨论。套用卡尔·马克思对宗教的定义，我一直认为，流动性是"银行家的鸦片"，实际上，对监管者也是如此。鉴于此，笔者谨以如下问题作为本文的结尾，以期为银行家与监管者敲响警钟：当经济陷入困境时将会发生什么？尤其是，当流动性浪潮逐渐退去后，留下一个干涸且位于高位的市场时，情况又会如何呢？

第九章

推荐的选项 ①

① 本文于 2009 年 3 月 26 日发表于《拓展报》。西班牙处置实体在同年 6 月成立，在危机爆发两年后才开始工作，通过认购昂贵的证券为未经妥善评估的实体之间的合并提供部分融资。

"本文所提出的处置西班牙危机的建议被非正式地提交给了当局。这些建议被饶有兴趣地接收了，却并未得到采纳。"

　　"当时，一名非常了解西班牙储蓄银行的人士称，'西班牙的储蓄银行可分为两种——陷入困境的储蓄银行与深陷困境的储蓄银行'。"

　　"在地方政府的影响，过于乐观的诊断和预测，以及财政短期主义等因素的作用下，在危机爆发初期，规则执行的力度非常薄弱，处置方案（如新处置机构的建立、'冷合并'等）的实施过于迟缓，并且成本高昂、收效甚微；几年之后，资本重组才得以开展，却是通过债务发行而非股本发行来进行的，并且重组进行得非常不充分。"

——阿里斯托沃洛·德·胡安

西班牙有三个存款担保计划，分别对应西班牙金融体系中的三类主要机构——银行、储蓄银行和信用合作社。这些计划最初设立于1980年，虽然它们是依据公法成立的实体，但其活动受私法管辖。

在20世纪80年代危机期间，存款担保计划由私人机构和西班牙银行提供等量出资额。每个计划都被分别委托给一个管理委员会进行管理。管理委员会由同等数量的金融机构代表和西班牙银行代表组成。委员会主席由西班牙银行副行长担任，其在投票出现平局时拥有决定权，因此，委员会始终处于主席的最终控制之下。自1996年以来，根据欧盟法律，这些计划已完全由金融机构提供资金。不过，西班牙央行仍可以在可能对整个系统稳定性造成影响的"特殊情况"下提供资金，但这种出资须获得法律的明确授权。

存款担保计划系依据《西班牙议会法》创建，该法为存款担保计划设立了双重任务：若破产机构被关闭，则存款担保计划将为存款提供限额（目前为10万欧元）以下的担保；若重组比关闭给存款担保计划或整个金融体系带来的成本更低，则存款担保计划要为重组提供必要资金甚至吸收损失。

三大存款担保计划在20世纪80年代西班牙数十家金融机构的重组中发挥了主导性作用。短短十年后，它们又运用几乎同样的工具拯救了巴内斯托（Banesto）银行，但救助资金几乎全部来自西班牙商业银行提供的私人资本。此外，对鲁马萨（Rumasa）集团20家银行的救助和国有化是由西班牙金融系统和政府共同完成的，而这些实体是交由银行存款担保计划进行管理的。

原则上，所有使用了来自存款担保计划或政府的救助资金的银行都会被出售给新业主，并被更换新的管理层。俗话说，"天下没有免费的午餐"，并且，"没有付出就没有回报"。

改变银行所有权的机制是：一方面，减少其股本，这将消灭或严重稀释原股东所持的股份；另一方面，存款担保计划会认购了一笔增资——这就是所谓的"手风琴交易"（减资之后随即增资）。

与此同时，改变管理层的机制是：在重组流程开始时就要求银行原董事辞职，并从市场上招募新的职业经理人来取代他们。在破产银行的董事拒绝辞职的情况下，一旦存款担保计划获得了该机构的控制权，前者就会被立即解雇。在每宗个案中，存款保证计划在委任了新的董事会成员后均聘用新的高管，并采取如同"外科手术"一般的措施对管理结构做出调整并促进机构的出售。1978年3月的一项法令授权西班牙银行在必要时直接罢免私人机构与储蓄银行中顽固的董事会成员。

除认购资本外，存款担保计划采取的主要重组措施包括购买不良资产和吸收相关损失，因为银行的隐性损失规模往往会超过其资本金，而增加股本是为了完成资本重组，并且不足以达到上述目的。不良资产也将从储蓄银行中剥离——这也是一种重要的资本充足工具。为完成金融重组，西班牙的存款担保计划还会发放贷款，直到银行在其控制下恢复盈利并可以被出售或合并。一些有条件的担保便利也被授予使用。

事实证明，不可能与原所有者就不良资产的市场价格达成一致，因此不良资产最终将以账面价值（贷款的名义价值减去拨备）出售，以防止它们在资本重组前就在问题银行中形成亏损。这意味着亏损计入存款担保计划的账簿中，并且可以在相关资产被出售或清理之后被最终量化。

依照《西班牙议会法》的规定，破产机构必须在一年内被售出。但实际上，由存款担保计划所重组的机构（包括鲁马萨集团的20家银行）平均出售期限是在13个月。

所有获得救助的银行在被售出后均未出现故态复萌的情况，这反映了存款担保计划的有效性。此外，它们在被售出并置于新的管理层之下后，作为盈利性机构，多年来以公司所得税的形式创造了大量收入，这对其获得的政府资金起到了或多或少的补偿作用。

西班牙储蓄银行的重组大体上是通过与受西班牙银行管理的规模更大的稳健机构的合并完成的。此外，若储蓄银行存款担保计划认为该救援机构无法完全吸收破产机构的亏损，其将亲自购买不良资产并发放补充贷款。西班牙储蓄银行本身没有股本，因此无法采用同时增减资本的"手风琴"操作。而在储蓄银行存款担保计划参与的所有操作中，破产机构的收购方都先是实现了对其董事会和管理层的控制，进而撤换掉了以前的董事和管理人员，或至少对其进行了降级。

为问题机构正式任命拥有否决权的管理人的机制在几个案例中进行了尝试，但最终宣告失败。这种做法随即被丢弃，因为它引发的问题比解决的问题更多。这种机制可能（在仍在寻找最终解决方案的过程中）对控制损害具有一定的价值，却可能会导致严重问题得不到处理的风险。并且尽管被任命的管理人在许多情况下可以否决或以其他方式阻止不当行为的产生，但"有毒"的交易仍会在背地里进行。我不止一次地目睹过这种情况。这意味着，这种安排下，管理人无法充分履行他们的职责，这已超出了他们的能力范围。事实上，他们甚至可能被由其管理的机构告上法庭，被指控存在渎职行为或须就某些问题承担责任。

以上就是西班牙存款担保基金的经验。在近距离地对许多国家的银行业进行了观察后，我明白该如何区分有效的解决方案、无效的解决方案，以及只会造成更多问题的解决方案。在这方面，我认为，西班牙的存款担保计划对问题银行的逐案处置而言非常有效，原因在于：

• 存款担保计划具有非常完善的机构、财务和法律框架，这些框架有效性已在实践中得到了验证，而无须再从头创建新的工具或进行"实验"，后者本身即可能带来严重的技术和政治风险。

• 存款担保计划的资金目前来自私人机构的年度出资，而不再需要政府提供资金。如有需要，出资额可进一步增加。特别立法还可以授权西班牙银行或其他官方机构在特殊情况下提供额外资金。此外，若补充性的资金是以贷款或认购债券的形式提供给计划的，那么就没有必要动用公共资金，因为放款人最终将从存款担保计划收回有关金额（最终来自私人银行的法定持续出资，所购不良资产的部分回收以及所购的问题机构股份在出售时获得的收益）。

• 存款担保计划能够确保实现管理层的变更，以及对问题机构的临时控制。

• 存款担保计划能够依法保障重组后的机构被售出，或短时间内直接与其他机构合并。

• 存款担保计划建立了"坏账银行"的概念，将不良资产从问题机构中剥离出来，并继续对其进行回收或清理。其优点在于，坏账银行按面值取得这些资产，从而能够避免估价过程中的诸多技术问题和可能极具争议性的结果。

• 存款担保计划以个案为基础，有助于消除外界对整个系统普遍存在困难的怀疑。

近年来的金融繁荣使西班牙存款担保计划目前处于待命状态。但其机构框架依然十分清晰，只需为其提供一个新的、经验丰富的、强大的，以及独立的管理团队，就可以应付可能出现的任何危机。此外，基于不良资产的数量或性质，必要时可以委托专门机构对其进行回收或清理。

但在今天出售存款担保计划所购入的股份将非常困难也是事实，因为能够完成此类收购的潜在候选者数量很少。问题机构的出售期限可能会在一年以上，但这仅仅意味着有必要提前设定一个适当的最后期限。

毋庸置疑，加强金融体系的措施自身无法终结衰退，终结衰退需要有一整套财政战略，官方直接出资，以及为创造更加均衡和更加多样化的经济体系并确保强劲的未来增长而设计出来的结构性政策。但事实上，金融业的重组和信贷的复苏对经济复苏而言也是必不可少的，否则情况不仅不会好转，甚至可能恶化。正如我们最近看到的那样，迟迟不采取必要措施、不人为对疲软的经济进行刺激，只会破坏信心。与此同时，实体经济和就业将会在更长的时间里遭受痛苦，这本身就不是小事。

当然，最初采取的措施可能会引发负面舆论；但如果这些措施的提出方式得宜，它们也可能会产生信心。这是一个值得冒的风险，因为有效的解决方案将帮助经济更快地走出谷底，并使复苏的萌芽茁壮成长。无论如何，一开始跌跌撞撞总比几年后被现实迎头痛击要好。

最后，我想以一个问题作为本文的结尾：在金融和信贷体系复苏等经济以外的问题上，主流政党能否抛开一贯的党派之争，以就所需政策的主旨达成共识？

后记：

本章是作者向西班牙政府提出的处理2007年危机的建议，但它们并未得到采纳。本书第十四章对后来真实发生的事情进行了描述，该章节是作者在2017年12月西班牙议会会议上的证词。正如我们看到的那样，西班牙政府最初采用的多数措施因过于薄弱而收效甚微。

第十章

欧洲银行业联盟的问题 ①

① 本文于 2016 年 4 月 15 日发表于西班牙《国家报》。尽管许多人认为新的欧洲机制是
终结危机的灵丹妙药，但本文对其过于缓慢的进展以及不时出现的倒退提出了批评。

"所有的监管法规都应以预防资不抵债为目标，这将有助于避免纳税人的损失、整体经济的破坏以及失业问题。

欧盟新规的重点是通过内部纾困机制提供替代资金，以确保破产银行能够拥有体面的'葬礼'。相反，减少'死伤人数'的努力却有所减弱。"

——阿里斯托沃洛·德·胡安

　　建立银行业联盟是加强欧洲联盟的重要一步。虽然单一的存款担保机制尚未建立，但单一监管机制（SSM）和单一处置机制（SRM）已然就位。然而，如果现在就放松下来，指望这些新机制提供迅速解决方案，无疑是愚蠢的。这些新机制尚无法做到这一点。整个欧元区做不到，西班牙也做不到。新的机制需要花费数年才能站稳脚跟：首先，不同的监管法规体系之间的融合要经历一个艰难而缓慢的过程；其次，金融危机还依然余波不断。

　　为处理危机而实施的政策措施建立在大幅提高资本要求和欧洲央行扩张性货币政策（伴随低利率和优惠条件）这两大支柱之上。然而，强调资本要求似乎主要是为了在事后解决问题，甚至可能是为了"验尸"。资本要求无法在事前预防出现问题的主要原因是其无助于加强对资产价值的监督。虽然资产减值是银行业突然崩溃和陷入危机的症结，但这一领域的监管控制早在十年前就已经被当时新出台的国际会计准则破坏了。

无论在任何情况下，监管法规都规定要对某些质量低劣、概念可疑的资本成分进行查验，它们或者是负有义务的（onerous）或请求即付的（callable），或者缺乏经济实质或不能提供流动性。具体的例子包括递延所得税资产（即使在法兰克福也仍然是一个令人关注的问题）、商誉和某些混合证券（如所谓的"应急可转债"），后者既成本高昂又具有极大的不确定性。

欧洲央行的货币政策旨在对抗通缩，促进贷款和就业。这让我想起了再贴现——一种典型的最后手段贷款工具。两者唯一的区别似乎是，再贴现工具只会在极短的期限内以极高的利率授予具有偿付能力的机构。到目前为止，欧洲央行的政策仍未达成其既定目标。然而，为争取时间，这些政策已被无期限地延长了。这将带来严重问题：扭曲银行业务，催生资产泡沫（进而只能眼看其破灭），削弱银行家的风险意识，掩盖潜在问题，或许还会耗尽危机处置军械库中的所有弹药。

此外，依赖这两大支柱还可能会使监管者无视其他的关键性问题。这些关键性问题包括：经常性收益不足，某些资产质量较差（这可能意味着银行财务报表中所确认的资本和利润是完全虚构的），批发市场过度杠杆所导致的失衡，以及普遍的低效问题。而荒谬的是，存在这些问题的机构只要在纸面上遵守了为其设定的资本要求，就会被视为是"健康"的。

在我看来，监管比规制更为重要。而实践中，监管往往呈现过于宽松、模棱两可或不受重视等状态。有鉴于此，重点应坚定地放在"预防医学"上，严格管控那些过去被忽视的领域。关键是要及早发现"资本减缩"（decapitalization），并及时采取有效的矫正措施。

单一监管机制（SSM）自身也存在问题。首先，联合监管小组成员之间在经验、文化和实践方面存在着无法回避的差异。按照单一监管机制主席本人的说法，在现有的150种监管法规中，大约有50种看起来似乎不太可能得到统一。法规的适用可能取决于不同国家监管机构自身设定的标准，而后者经常受到政治因素的影响（有时是必要的）。因此，单一监管机制可能发现自己被迫在最薄弱的规则之中寻找公约数，这最终会使得对问题的诊断过于乐观和迟缓。这非常令人担忧。

更令人不安的是，单一监管机制主持下的检查活动似乎很少进行量化调整。还很少要求采取纠正措施，并主要涉及程序问题。事实上，最近法兰克福给出的指南在关注控制信息处理的同时，试图避免任何形式的量化，并确保检查在尽可能短的时间内完成。

因此，与总体政策取向一致，单一监管机制又进一步放弃了一个对有效监管极为关键的机制——审查贷款账簿以核实债务人的偿债能力，而不要过分关注正式违约率，因为后者很容易遭到篡改。审查贷款账簿往往被认为成本过高，但没有比监管不力的后果成本更高的了。然而，这一重要程序正日益被其他不太可靠的机制所取代，如数学建模和压力测试等（尽管人们常常发现这些理论方法并不完善，因为它们建立在由银行自身提供的，并被毫无疑问地接受了的历史数据基础之上）。这些机制忽略了一个事实，即机构越深陷困境，就越有可能将其自身问题掩盖起来。经验证明，在监管者的纵容之下，这些情况确实会发生。

加强银行的公司治理是最新的灵丹妙药。这一概念的提出值得称道，但是它的发展必然是缓慢和难以控制的，因为它几乎需要从头开始创建新的企业文化。例如，单一监管机制已对银行董事会的组成及其正式程序施以了监督措施，但这些措施并未达成预期目标：银行董事会依旧会在其职权范围之外作出决策，市场常常受到操纵，资产价值也常常会被高估，管理层薪酬政策依然非常离谱，而且，据说"独立"董事也可能会被这一职位丰厚的薪酬所左右。

现在让我们来看单一处置机制（SRM）存在的问题。除了解决流程太过复杂、尚显粗糙之外，我预感到糟糕的"诊断"也可能会延误和阻碍处理破产的早期行动，并使其最终归于无效。

最近欧洲银行业意外频发，包括葡萄牙圣灵银行（Banco Espirito Santo，总亏损68亿欧元）、意大利锡耶纳牧山银行（Monte dei Paschi di Siena，公开承认的违约率高达40%）和德意志银行（Deutsche Bank，仅2015年一年就亏损69亿欧元）。这些迟到的"意外事件"表明，尽管创立了新的规制框架和监管工具，单一监管机制与国内监管者都没能及时识别出这些机构遭遇的困难状况。那些数学模型、压力测试和2014年进行的广为人知的资产质量评估到底怎么了？很显然，无论是单一处置机制还有现有的国内机制（本应至少在其国内采取补救措施）都未能及时解决问题。

过于迟缓或错误的诊断将极大地增加处理资不抵债的成本，该成本需由金融体系与债权人（以内部纾困的形式）共同承担。并且，随着问题规模不断扩大，政府也很容易被卷入其中。纳税人要当心了！此外，由成员国提供的联合救助基金将被限制在550亿欧元之内，而且无论如何要到2019年才能到位。

总之，虽然欧洲有了新的监管法规、监管工具和监管机构，但关键性问题仍然悬而未决。"若在统一机制变得足够成熟并能发挥应有作用之前就爆发了新的银行业危机，情况会是如何呢？"

第十一章

稳定的风险 ①

---

① 本文于 2017 年 1 月 13 日发表于西班牙《扩展报》，重点讨论了在近期金融危机余震中欧洲金融机构所暴露出的弱点。

"假借金融和政治稳定的理由，不对危机进行处置或迟迟不采取适当行动，只会导致情况恶化，并引发新的动荡。"

——阿里斯托沃洛·德·胡安

　　希坡的奥古斯丁（后来的圣奥古斯丁）年轻时，发现自己在崇高的宗教理想和享乐主义之间挣扎。他有一句著名的祈祷词："主啊！请赐予我贞操和自制吧——只是现在还不行。"

　　这些文字使我联想到了欧洲金融体系的现状。在欧洲，对金融危机的反应也表现出了一种准宗教理想（建立新规制制度框架的热情）与享乐主义（对新的规制框架的实际应用表现出的明显的冷静）并存的状态。换言之，对总体稳定的担忧胜过了对银行业和整体经济的弊病进行诊断与治疗的决心。

　　这场危机仍缠绵未愈，对于许多人来说，危机后所建立的新的规制制度框架是危机不会再次突然爆发的希望之所系。创造者极力盛赞他们所建立的崭新的监管军械库，并以使徒般的热情向全世界宣扬其优点。新的监管军械库的确包罗万象。旨在纠正《巴塞尔协议 II 》缺点的《巴塞尔协议 III 》规则很快将被目前正在酝酿中《巴塞尔协议 IV 》所取代。一个欧洲银行业联盟也在统一的规制、监管、处置以及共同的存款担保计划等支柱之上建立起来。该联盟是努力朝向标准化监管迈进的重要成果。巴塞尔委员会已连续提高了银行的最低资本要求，甚至为了帮助银行达到新的资本要求而不惜对某些高度可疑的资本成分加以确认。一个平行的"杠杆"比率被创造了出来，以对资本与总资产进行比较。此外，"内部"模型和"压力测试"也得到应用，以确定不同情景下所需的资本水平。

一个被称为"预期损失"的概念也得到初步发展，以使资本估值更切合实际。贷款的内部控制程序也得到了加强。在加强公司治理和改善银行家行为方面也作出了努力。欧洲央行在法兰克福成立了多个联合监管小组，对欧盟129家主要银行进行集中监管。欧洲银行管理局（EBA）定期核查资产质量。还颁布了新的审计法律，以加强审查程序。

欧洲央行一直孜孜不倦地致力于主张成立一个新的复合式的处置机制。新确立的内部纾困（bail-in）原则意味着股东、非优先债券持有人和10万欧元以上的存款持有人必须在纳税人之前为损失埋单。最后，建立共同存款担保计划的谈判正在进行中，尽管各方在成本分担方面还很难达成共识。这简直就是一场监管雪崩。

然而，现实似乎在另一个平行世界中沿着既定路线兀自前行。在雷曼兄弟倒闭所引发的大灾难过去八年后，我们又眼睁睁地看着一个又一个国家（德国、英国、意大利、葡萄牙、西班牙……）的大银行在毫无预警的情况下滑向了资不抵债和管理不善的深渊。在引起市场关注之前，这些困难既没有被报告也没有得到任何有效的解决。更糟糕的是，对破产状况的确认过于迟缓会加大处置成本，并导致以下后果：即使目前仍在酝酿中的处置机制不符合或会对改变银行业联盟建立的正式框架，或无法解决偿付能力问题，甚至存在对不同国家银行的歧视性待遇这样的棘手问题，法兰克福仍可能会签署它们。

商业模式、压力测试、资产质量定期核查、审计有效性措施、新资本要求、程序控制以及增强银行治理这一所谓的灵丹妙药，在被需要时却都杳然无踪。可以说，所有这些旨在加强治理的努力，都与慷慨的薪酬政策完全对立，也与监管机构对粉饰行为这一典型的不当管理行为的容忍态度背道而驰，然而，慷慨的薪酬政策至今仍普遍存在，监管机构也仍预备对粉饰行为采取容忍态度。现有的国内和国际层面的监管和处置机制似乎根本不起作用。

这种背离的原因何在？首先，这可能是一个"未预后果"的问题。例如，在期望以理论与定性工具取代经反复验证的直接量化监测程序的情况下，新的规则和监管机制可能难以站稳脚跟。其次，可能新的规制和监管人员还缺乏必要的经验。此外，考虑到所需的实施期限较长与新系统推出的复杂性，这也很可能是一个逻辑惯性和初期困难的问题。

然而，以上这些原因无法解释整个状况。我们都非常清楚当前金融系统存在的脆弱性。房地产市场的遗留问题尚未解决。银行的回报率位于历史低位，而针对其低迷表现的补救措施（如数字化或合并）既漫长又痛苦。此外，不受监管的非银行金融交易带来的威胁如同乌云笼罩在金融业上空，更不用说持续的政治与地缘政治不确定性所带来的更广泛的紧张情绪了。

就此而言，我们可以大胆假设政府和监管者也在其中起到了重要作用。例如，不少国家选择了优先考虑营造稳定形象、推迟对问题的诊断和采取严厉的早期解决方案的政策。这可能是因为人们普遍担心，积极的行动可能会揭露金融体系早先的失败，打开会释放出令人难以接受的政治风险和棘手的经济难题的"潘多拉盲盒"。不仅政府，各大银行和游说者也常常倾向于采取"保持平稳"的政策，他们都希望避免在其国家和组织中实施所谓的"侵入式"监管。同时，银行的流动性和偿付能力的真实情况似乎总是可以通过低利率或几乎零利率的大规模、无限期的货币扩张来掩盖的。这种方式可以创造暂时的稳定，但其带来的副作用非常严重——可能导致银行业整体的严重扭曲。套用圣奥古斯丁的祈祷词，政府和银行家们似乎都在祈祷，"主啊，请赐予我们强大的体系吧——只是现在还不行"。

在一些人看来，这种"安全"的政策似乎是审慎的。然而，政府需要注意到一个颠扑不破的真理：当事情进展得不顺利，或情况急转直下时，拖延总会适得其反。拖延甚至意味着"自杀"。当下最为优先的"稳定"在将来很可能被证明只是短暂的表象。到那时，新的危机可能一触即发，引发新一轮的经济、社会和政治动荡，造成更大损失。那些主张不作为的人最终也会以这样或那样的形式沦为其自身选取政策的受害者。

12
CHAPTER

第十二章
问题银行处置的实践经验 ①

---

① 本章在对之前相关章节中所述的问题银行处置经验的基础上加入了作者近年来吸收的最新经验，并进行了适当的糅合、整理和扩展。本文的内容摘要于 2017 年 3 月 12 日发表于西班牙《国家报》。

"最糟糕的贷款从来不会被认定为违约，也不会被计提拨备。这导致了隐蔽的'资本减缩'。"

　　"仁慈的诊断比严厉的诊断更易产生误导；同时，温和或迟来的补救措施往往成本更高，对整个经济的危害更大。"

——阿里斯托沃洛·德·胡安

1. 引言

历史有一种自我重复的顽固习惯。在四大洲从事问题银行处置相关工作四十余年，我逐渐提炼出了一些极其实用的原则、经验法则，以及个人癖好（有些人可能会这样认为）。它们都是我的个人认知。并且，它们并不涉及技术变革和一些金融竞争的新领域，而是侧重于偿付能力问题。此外，它们还远未穷尽。尽管如此，它们可以被大致归类于四个领域，依次为管理（management）、规制（regulation）、监管（supervision）和处置（resolution）。

以下四个不言自明的主要发现将贯穿本章始终：一是流动性过剩模糊了银行家和监管者的风险意识，它可能是资不抵债的前兆。二是当银行财务状况稳健时，它的账目通常较为透明；当银行陷入困境时，问题将被掩盖。三是资本"黑洞"无法以会计技巧进行填补，真金白银才能真正解决问题。四是当出现问题时，依靠时间或增长预期而非纠正措施来解决问题只会让事情变得更糟。

2. 管理

经营不善和监管不力往往会引发银行破产，它们在引发和加剧银行问题方面所起到的作用可能比宏观因素还要大。

经营不善和监管不力两者密切相关。不管宏观环境如何，当监管过于宽松时，"好银行家"也可能走向堕落之路，在依次经历以下四个阶段之后转变为"坏银行家"。

阶段一：不胜任（incompetence）。虽然可能还有其他原因，但当期亏损、资本不足和资不抵债通常是由快速增长和不良贷款造成的。事实上，流动性过剩往往会导致失控的扩张，而这两者也都是危机的重要诱因。

除了流动性过剩以外，随着时间的推移，风险集中于特定借款人或借款人群体、行业或产品上也可能是致命的。房地产、按揭贷款和"有毒"的金融产品是本轮危机中出现的典型例子。关联方贷款带来的风险集中尤为有害。

资产与负债之间的期限错配（无论这是银行与借款人最初订立的合同决定的，还是由违约或再融资安排引起的）可能升级为严重的流动性问题。利率错配与汇率错配也应当受到谴责。

过分奢侈的开支往往是不当管理行为带来的副产品，但其也可能是其他相关问题的病状。

阶段二：粉饰账目。"好银行家—坏银行家"的向下螺旋自此开始出现。许多银行家在问题仍然可控时选择不去解决问题，而试图通过粉饰行为来掩盖事实以争取时间并保持其自身的经济控制力和社会影响力。

阶段三：孤注一掷的冒险行为。显然，粉饰行为永远不可能真正解决问题，随着组织的境况越发艰难，"坏银行家"倾向于开始像赌徒一样把一切全都押在高风险借款人或投机行为上，而这只会使亏损升级并破坏良好的职业实践。

与传统经济学原理的推论相反，现实中，高风险并不一定会被高利率所弥补。高风险贷款人往往无法收回任何利息，甚至可能失去贷款本金。我的一位朋友曾告诫我，理论上的资产回报并不重要，实际产生的资产回报才重要。

阶段四：不法行为。灾难已经迫近，"坏银行家"此时往往会诉诸各种形式的不法行为，这些不法行为大多都涉及关联贷款，甚至是"自我放贷"。即在压力来临时，"坏银行家"倾向于会从机构中抽取资金，而不是注入新的资源。他们的口头禅是，"这是合法的。问题出在政府身上，而不在我。这关系到我孩子的生计"。

问题在于，资不抵债往往在繁荣时期就已经悄无声息地生根发芽了。没有人敢"泼冷水"，即使是监管者也不敢。即使明知是空中楼阁，一个能创造大量就业机会和迅速增长的税收收入的经济体对于所有政府而言都极具吸引力，无论风险和未来将会付出的代价如何。"我死后，任它洪水滔天！"问题被持续隐藏于账目之下。政客/银行家和借款人之间的裙带关系也可能在这中间发挥作用。

问题究竟是如何被隐藏的呢？一般而言，这是通过利用审慎监管法规中的漏洞和模糊性，以及低效或过于友好的监管导致的有瑕疵的合规来实现的。俗话说，"达到目的的方法不止一种"，但最主要的粉饰技术就是对无法收回的贷款进行"再融资"。再融资有多种具体的实现方式。对有望回收的优质贷款进行再融资是一种常规做法，但普遍存在的对不良贷款进行的"常青化"操作显然并非常规操作，它将阻碍透明度原则发挥作用，并严重妨害监管效果。对不良贷款的再融资行为和其他粉饰行为将形成一个悖论——最糟糕的贷款（就风险和规模而言）反而不会在账簿上被确认为"逾期"或"减值"。这给我们上了重要的一课：银行往往会过于乐观地以尽可能低的标准在确认账簿中的"逾期欠款"，因此，监管者不应仅查看账簿上已确认的不良资产，而应重点查看那些"优质"资产。已被确认的"坏账"规模往往不大，并且，它们无论如何已经被置于合规部门的掌控之中了。

最糟糕的交易往往都经过精心伪装。正如已故的原美联储主席比尔·泰勒（Bill Taylor）所说，"银行规模越大，对其进行管理、控制和监管就越困难"。鉴于此，应当敦促监管者对那些所谓的"好银行"进行仔细查看，而不要仅抓住那些已被识别出问题的银行不放。

粉饰行为盛行时，最糟糕的资产通常都没有被计提足够的拨备，或者根本没有被计提拨备。同时，无法收回的应计项目却往往被确认为收入，即使它们由贷款人本身提供融资，这种收入的虚构属性及其对现金流造成的负面影响很容易被忽视，带来严重后果。

• 问题银行账面上反映的部分收入、拨备、储备金和资本金将是虚构的。而税收、股息和奖金仍在继续支付，亏损将不断累积，流动性也将消耗殆尽。这只会进一步加剧不当管理所带来的负面影响，并加重对不良资产存量进行融资的负担。

• 董事会与其他管理层均不会采取纠正措施。监管机构也不会采取行动。

在这种情况下，资不抵债的状况会像癌细胞一样潜滋暗长，而有关银行则可以继续轻松地从市场获得资金，利用虚假账目和高额回报来吸收新的存款和借款。政府和国际机构提供的长期援助也使这些银行家的生活变得更加舒适，使他们可以无视资不抵债的问题，不进行必要的调整。其结果是，在银行流动性枯竭或监管突然收紧之前，真相通常都不会被披露出来，经理、审计师和监管者往往选择睁一只眼闭一只眼，对会计规则和审慎规则的适用变得非常宽松。

因此，我们可以根据经验推断，若一家银行几个月来一直需要源源不断的流动性支持，则它很可能已经资不抵债了，并且其困难极有可能在不断加剧。

就资产估值问题而言，须警惕监管宽容：对于银行家和监管者而言，高估损失比低估损失更安全。经验显示，困难时期亏损的实际情况总是要比银行家、审计师甚至最严厉的监管者最初承认的情况要严重得多——这是人性。拨备不利于股息和奖金，因此，此类分配的受益人往往不希望计提更多的拨备。

金融危机的历史表明，以下五类主体对亏损的测算通常会呈现显著差异。从上往下依次来看，后一个主体所测算的数值通常会约等于前一个主体测算数值的两倍。

• 首先，银行家根本不愿意承认有任何亏损，他们最多会承认相当于资本总额一半的亏损。

• 外部审计师随后介入，他们最多只会报告约等于银行资本总额的亏损。

• 官方的银行检查人员随后对银行进行检查，其测算出的数值将在审计报告的基础上翻倍，这通常会引发严厉的纠正措施和/或干预。

• 银行随后被置于公共管理之下或被国有化，政府将指定管理人赴该机构内部工作，其测算出的数值将在官方检查报告的基础上再次翻番。

• 最后，当问题银行被出售时，潜在买家的尽职调查往往会发现，实际亏损是政府指定的管理人愿意承认的亏损数额的两倍左右。尽管买家往往会夸大其词，但总体而言，其评估通常不会与实际情况差得太远。

如上所述，所有这些事情的发生都是由于缺乏强有力的政府控制，无论是在规制和监管领域，还是在破产处置领域。

• 完善的规制是必要的，但若不辅以适当的监管机制，规制将无甚用处。

• 完善的监管机制也是必要的；然而，若不辅以完善的破产处置机制，无论是规制还是监管都无法真正发挥作用。

• 但无论处置机制如何完善，如果规制制度或监管体制过于薄弱，处置机制也将被证明是徒劳无功的。此外，若处置机制过于薄弱或存在缺陷，或仅仅是不愿将事情推出台前，最好的监管机制也无法发挥功用。

规制、监管和处置三者实际上构成了一个连锁方案，单一组件无法单独发挥效用。说到底，这是一个恶性循环。如果三个组件之中只有一个或两个就位，那么第三个组件的实施将是低效和白费力气的。这就像一个链条——其坚固程度取决于最薄弱的那一环。

3. 审慎规制

当前，全球所有监管机构都聚焦于资本监管——一种最容易理解的监管方式。然而，在大多数国家，对资产估值和对欠款与减值准备金的规制太过薄弱；收入确认的适当性甚至可能未受规制。因此，无论如何定义，账面显示的监管资本往往起不到其应有的指引作用，其在任何时候都不一定等于真实资本。要时刻谨记，如果在缺乏适当监管的情况下由问题银行自行对资产进行计量或自行建立资本要求模型，粉饰行为就会生根。因此，要确定银行自有资源的真实水平，则应从账面股本中扣除拨备的不足之数以及基于虚构收入的储备金。

在这方面，需要强调的是，已生效10年之久的《国际会计准则第39号》在实践中已使传统的审慎原则遭到破坏。审慎原则是会计透明度的支柱，根据该原则，可预见的问题应得到立即确认，而可预见的经济效益在实现之后才应被登记。《国际会计准则第39号》使不良贷款只有在法律上处于拖欠状态或损失实际发生时才被确认，而不是在（因借款人缺乏偿还能力）被预测到的时候就被确认。"透明"已经让位于"不透明"。这一问题应该通过新的国际法规（尤其是《国际财务报告准则第9号》）的实施来予以纠正。但《国际财务报告准则第9号》对预期损失的处理（本应基于借款人偿付能力）仍然相当宽松，而且该准则至少要到2018年才会生效。除此之外，对不可回收的应计项目的规制仍处于边缘地带。

在收入确认方面，我们可能会注意到，许多监管者认为对收入确认作出专项拨备已经过时了，专项拨备正在被资本要求和一般拨备所取代。当然，只要后一种安排是切合实际的，我并不会反对。然而，资本要求和一般拨备本质上都聚焦于潜在受损资产，而无法识别特定借款人的问题，也无力阻止将不可收回的应计项目确认为收入的财务造假行为。因此，无论这些安排在多大程度上提高了银行的整体偿付能力，它们都使透明度被蒙上了一层厚厚的阴影，因为它们不包含及时暂停计息的机制，后者可能是监管军械库中最重要的审慎规制工具了，其作为一种早期预警，可以防止隐性损失如雪球一样越滚越大。纸面上的收入被错误地视为实际存在的现金流，而从经济角度讲，后者才是唯一真正重要的因素。

此外，监管资本的各种不同成分不仅包括大量普通股项目（实收资本和留存收益），还包括很多劣质项目。因此，资本要求在整体上可能过于宽松了，这将导致其预期效果可能无法达成。一些劣质的资本成分包括：

• 可转换证券，如所谓的应急可转债（CoCos），在我看来不应被视为真正的资本，因为它们在被转换为资本或注销之前，只是另一种形式的负债，并且是一种成本很高的负债，会对银行的盈利能力造成损害。此外，它们在转换时并不能提供任何现金，而现金在处置过程中非常重要；流动性是在过去注入的，在此类证券被认购之时。

• 递延所得税资产即使由政府提供担保，也不是真正的资本。它们只是在预期盈利的情况下对未来免税的一种预期。此外，它们不包含任何的流动性。

• 商誉或负向商誉（收购中支付的价格与账面价值之间的正向差额或负向差额）只是一个会计分录，当然也不是资本。为其支付的价格正是所购资产的市场价值。

• 更糟的是，资本在概念上经常被认为是对预期损失的一种担保，但其实际上只应被作为对意外损失的潜在担保。预期损失应在损益表中计提相应拨备。否则，账面资本实际上被人为提高了与其未备抵损失相等的金额。

资本监管并不总能捕捉到某些领域的风险，这将使其效用大打折扣。这类关键风险包括：

• 风险集中于特定借款人、借款人群体或行业。

• 确认合并报表的实际边界，应重点关注那些被监管机构持股低于50%，但仍受其实际控制离岸工具和附属企业。

• 一些表外项目（如衍生品以及一些特殊产品）固有的风险。

• 海外并表子公司和母公司适用的会计准则与审慎规制标准之间可能存在龃龉。

强制性资本比率的另一个关键性弱点源于当前在世界范围内被广泛采用的建立在"风险加权资产"（RWA）基础上的风险加权监管（RWS）的概念。基于这一概念的风险控制方式确实有其合理之处，但并不一定可靠，甚至可能带来严重的副作用。

• 风险评估是基于历史信息进行的（若信息可得的话），而未来的信息难以被捕捉。

• "坏银行家"可以轻易地操纵每种资产的风险权重，以达到期望的资本水平。

• 风险加权资产带来的压力促使银行家牺牲贷款，转而持有比重畸大的低权重甚至零权重资产，例如国债。就好像国债总是没有风险一样。

• 各国对权重的规定不甚相同，妨碍国际比较。

有鉴于此，有必要设立一个严格而有效的杠杆比例，与风险加权资产措施并行或取而代之。这一比例是一个客观的数字，其通过将资本与总资产进行比较来防止风险操纵。但遗憾的是，《巴塞尔协议Ⅲ》目前所确立的3%的杠杆比率似乎过于宽松了。事实上，在最近的危机中，像美国这样拥有严格杠杆率要求的国家的银行比那些遵守其他比率的银行遭受的损失要小得多。我的建议是，如果基于风险的资本要求也被保留，那么，最低资本水平应取这两个比例中较高的那个。

投资银行业务和金融工程是近来发生的金融危机的根源，沃尔克（Volcker）、维克斯（Vickers）和利卡宁（Liikanen）所提出的方案，以及《多德—弗兰克华尔街改革和消费者保护法》，都旨在为这些问题提出不同的解决方案。然而，可能是由于银行家团体的游说，这些方案被弱化了，最终结果有些不尽如人意。一个很好的例子是，危机后在商业银行业务与投资银行业务设置的隔离事实上并不那么严格。

银行家们喋喋不休地谈论着监管法规太多、复杂而多变、压得人透不过气来，甚至导致了向管制更宽松或更灵活的金融领域转移的不当激励。尽管他们秉持这种观点的原因可能是出于某种个人目的，但这种观点仍然值得关注，因为其也可能晓示了一些真相——事实上，这种"错位"确实有可能发生。监管法规理应严格而简单，但同时也应该契合现实并具有稳定性。

4. 监管

由于宏观因素确实会引发系统性危机，所以，宏观审慎监管不可或缺。然而，宏观审慎监管不应仅仅停留在概念上（这一概念目前已获得全球公认），还应得到制度化，并与微观监管紧密配合。事实上，宏观审慎监管和微观审慎监管应由一个强有力的当局统一运作：须时刻谨记，"知识分子"（宏观）和"警察"（微观）总是会"同床异梦"。

强有力的监管有助于填补规制制度的漏洞，而薄弱的监管甚至会破坏最完善的规制制度框架。压倒性的经验证据已表明：监管比规制更为重要。在这方面，让我们来回顾一项基本原则。

在经济繁荣和流动性充裕的时期，监管很可能变得越发宽容，其结果是禁止令、干预和处置等被仁慈的诊断以及令人瞠目结舌的口头建议所取代。生活看起来非常美好，银行家和监管者都过得很好，什么都可以做。然而，这也为意外事件的出现埋下了伏笔。因此，面对那些以成本为由主张有限监管的人，应对其强调，没有什么比监管不力或监管空白的成本更高了。

目前的问题是，对信用档案进行现场检查依然是最有效的监管形式，但世界各地的监管实践却正在使这种方式被边缘化和弱化。

因为人们误认为对信用档案的核查是几乎不可能完成的"压倒性"（overwhelming）或"侵入性"（instrutive）的任务，并且"属于石器时代"。

因此，以下两种有效的监管工具正日益被监管者所忽视：（1）适当采用抽样技术对借款人的实际还款能力进行现场核查，无论有关贷款是否到期。（2）对贷款进行现场核查，以确认债务是以借款人提供的真实现金流进行偿还的。即使核查程序仍然存在，检查程序也常常受到严格的时间限制，量化调整常常被搁置。

现场识别潜在亏损正在被一些更复杂、更"科学"，但要求更低、效用欠佳的机制取代。这些机制对监管者造成的压力较小，但它们目前都已经失败了。外部审计、数学模型和压力测试尤其如此。这些工具无疑可作为现场检查的有益补充，但它们也被证明是肤浅的或具有误导性的，绝不应作为现场检查的替代措施。它们在本轮金融危机中的表现臭名昭著，当前也没有什么改变。它们失败的主要原因是监管宽容或问题银行提供的信息不可靠。

此外，程序审查和加强良好治理等监管工具最近受到了更多的重视。尽管这些工具本身是有益，但目前它们常常被视为替代核查机制和量化工具的灵丹妙药。这一错误将导致资产质量监管过于松懈，而资产质量是防止资不抵债的关键。

外部审计本身就是一个棘手的问题，值得对其进行专门的讨论。理论上，审计师的法定角色不同于监管者，其是对监管者角色的补充。这是审计师因审计结果不准确或存在错误而受到批评时的主要"防线"。然而，审计师和监管者应始终在"人多智广"的指导原则下携手合作，特别是在危机时刻。在任何情况下，除非有具体且重点突出的职权范围，否则监管者不应聘用审计师代替银行检查员，因为事实证明，审计师的调查结果在资本减缩和调整方面是不稳定的。

要时刻谨记，审计师须对客户机构的利益相关者负责。在这方面，一些审计师取得了出色的成绩。祝贺！但另一些审计师则不然。尽管如此，公众对审计失灵的批评还是相当温和的。来看一些典型场景。

• 当监管者较为温和时，一些审计师会跟随他们的引导，发布更为宽松的审计报告，进一步降低透明度。他们似乎认为，"我们不能比监管者更为严苛"。

• 即使监管者较为严格，并试图积极地披露现有问题，一些审计师可能仍会对来自客户的压力十分敏感，在客户报告中出具尽量缓和的意见。

在这两种情况下，"坏银行家"有时会在媒体甚至法庭上挥舞审计师的报告来反对监管当局。

独立性和透明度是保持审计行业稳健的关键。然而，当审计机构长时间审计同一家机构，或为审计客户提供了大量咨询服务时，两者可能会发展出一种依赖关系。无论他们的游说团体影响力多么强大，都应使外部审计师的特许状对其职能进行重新界定，并收紧该特许状的许可，以防止上述问题的出现。

这里有一些建议。

• 未来的监管法规可以要求审计师在报告中正式声明他们是否从被审计机构获得了能够赖以得出可靠结论的必要信息。

• 可以考虑让监管者直接聘请审计师，后者在前者为其指定的具体的职权范围内开展工作。监管者支付审计师薪水，然后再向被审查的机构收费。

• 可以重新考虑设定轮换要求以提高审计的独立性。可通过立法强制性规定，审计服务提供者必须定期更换，并且不能仅在同一家审计公司的合伙人之间进行切换；也可定期将现任审计师排除在审计师选任流程之外。

到目前为止，数学建模在大多数情况下都失败了。与最初设定的目标相反，《巴塞尔协议Ⅱ》的模型实际上将银行的资本要求降低到了可以忽略不计的水平，并且未能提高银行家的风险意识。我们只需回顾一下最近危机的情况就明白了。

• "坏银行家"（甚至是一些"好银行家"）可能会根据其自身情况对模型做出调整以降低资本要求，或在模型建立后对其进行篡改。虽然问题机构提供的信息不可靠，但最近的国际监管规则还是期望由银行自己建立内部模型。需要再次强调的是：一家银行在其繁荣时期会较为透明；当它不再繁荣时，问题将会被掩盖。

• 数学家所建立的模型往往来自缺乏技艺娴熟、经验丰富的银行家的专业意见。

• 董事会（甚至包括监管者）不一定了解银行正在使用的模型。

• 数学模型实际上将风险被视为一种可以测量的统计概率进行预测，但这些模型在本质上无法捕捉到沈联涛（在我看来，沈联涛是金融监管领域首屈一指的国际专家）所称的"未知的未知"——根本的不确定性。适当的例子包括：2007年爆发的"黑天鹅"式流动性危机，2008年的雷曼兄弟破产，2010年的主权债务危机，英国的脱欧公投以及最近德意志银行出现的问题等。

许多人主张压力测试是未来的发展趋势。但在最近的危机中，一些标志性案例证明，压力测试也失败了；而且迄今为止，它们的表现并未有所改善。如果有，如何解释德国、意大利、葡萄牙和西班牙的银行在没有及时预警与采取有效纠正措施的情况下就突然陷入严重的资不抵债？一些专家戏称，"压力测试是为了减轻监管者的压力"。没有什么能比得上真实的基本场景，然而，若用以构建压力测试模型场景的数据未经核实，则这些场景也会受到质疑，尤其在不利的条件下。

对流程的监管当然值得称赞。但这种监管工具常常会沾染烦琐的官僚作风，因此无法取代对资产价值和绩效的现场核查。

加强治理的措施也值得称道，但治理水平很难掌控，并且其需要有严格的合规文化，而后者显然尚不成熟。此外，行为准则常常被无视。我们几乎每天都会看到相关的例子：重大决策是在董事会和执行委员会会议之外做出，或者在这些层面没有进行充分的辩论。一个明显的例证是，最近因不法行为被罚款的相关国际银行的名单非常长。最后，一个严肃的问题可能被提出：监管者似乎在当前离谱的薪酬政策与透明度普遍缺失（治理不善的两个典型特征）的状况下生活得很愉快，如何能指望加强治理成为提高监管有效性的"灵丹妙药"呢？

与此同时，《巴塞尔协议Ⅳ》计划将违反法律或监管规则的不当行为作为提高资本水平要求的要素之一。这种方法的问题是，其主要依据为历史的处罚记录，而这并不必然决定未来的行为。

因此，加强治理和流程监管是值得欢迎的新概念，但它们短期内可能无法发挥效用。并且，可以肯定的是，它们绝不应该取代现场核查。

可能仍有人反驳，监管者必须具有灵活性。很好，但多灵活比较好呢？在外部条件或目标机构的情况明显稳步改善的情况下，一定程度的灵活性或宽容可能是明智的。然而，在不断恶化的形势下，宽容无异于自杀，监管者也将变成"纸老虎"，"坏银行家"将不再相信强制措施的实际威慑力。当监管变得过度灵活和宽容，监管者变成了无牙的老虎时，会发生以下几种情况。

• 根据定义，逾期贷款和未拨备亏损的未偿存量是不良资产。但它们的融资具有实际成本，并会导致实际现金流出。因此，机构的存量亏损和流动性状况将日益恶化。幻想时间能解决这些问题只会让事情变得更糟。

•"坏银行家"将得以继续执掌公司，局面很可能会变得更加困难。

• 向市场传递错误信息——"坏银行家"永远不会受到惩罚——这为渎职和欺诈提供了激励。

• 更糟糕的是，过于宽松的监管者很可能沦为自己错误的囚徒：监管者在未来将不甘心自食其言或改变既定路线；甚至可能沦为被监管机构的囚徒：境况不佳的机构可能会如是争论：既然该机构的做法在过去已经足够好了，那么为什么现在不行呢？

5. 处置

多数情况下，对亏损的识别是一个渐进的过程，需要时间。因此，即使一家机构尚未出现流动性问题，一旦其资本受到严重侵蚀，就必须尽快解决资本减缩的问题，因为该机构此时往往已经资不抵债了。与单纯依赖时间来解决问题一样，单纯将增长视为解决方案也将被证明是一个成本高昂的错误。通常，潜在和隐性的亏损将继续以更快的速度增长。即使管理水平也有所提升，机构增长的速度也很难跟上亏损增长的速度。换句话说，问题解决得越晚，最终的成本就越高。

同时，银行和整体经济可能都陷入了恶性循环之中：信贷短缺和资源配置不当造成进一步的破坏并导致失业率上升，这反过来又会影响银行的健康并挤压银行的贷款意愿和贷款能力。

监管机构因财政或顺周期的考虑而不去采取纠正措施，往往会被证明是短视的，而且只会令事态恶化。事实上，每次不作为的代价到后来都会变得更高，最终可能需要动用纳税人的钱包。即使身患癌症也需要进行及时治疗，无论在当下进行治疗是多么棘手。

处置的最终目标应是保持金融体系的稳健，而不是让苦苦挣扎的僵尸银行硬撑下去。因此，政府行动的目标应是帮助问题机构完全克服并彻底摆脱那些困扰它们的问题。如果政府只是敷衍了事地采取行动，银行将依然脆弱，旧病复发和系统性传染的危险将持续存在。此外，在"坏银行家"未被撤换的情况下，直接向问题银行提供财政援助是不公平的，并且实际上是在浪费金钱。在这方面，应始终遵守两项原则：（1）实际的普通资本必须达到良好和可持续的水平，最重要的是，收入必须以实际现金流的形式实现。（2）在治疗的早期阶段就要撤换原所有者、董事会和管理人员。

在资本重组过程中，资本"黑洞"只能依序用以下这些可靠的永久性资源进行填补。

- 留存收益（实际利润产生的，而不是依靠会计花招凭空捏造的）
- 资产出售
- 由原所有人和/或可靠的新合伙人注资
- 受内部纾困原则约束的证券认购
- 官方机制（包括在需要时动用纳税人的钱包）

贷款和担保工具也可以在处置过程中发挥作用，只要保证其是对真实的资本注入的补充措施而非取代措施即可。一个经常出现的错误是，试图以向问题银行持续提供流动性的权宜之计来解决资不抵债问题。无论打着任何幌子，大规模贷款都不能替代资本重组。因此，不应对失去偿债能力的银行提供这类援助。相反，破产机构应迅速进入处置流程。

央行采取扩张性货币政策当然有助于处理系统性紧急情况并创造稳定外观，但这只能在短期内发挥作用，而无法永远持续下去。因此，它们对解决偿付能力问题无能为力。救生艇可以使船员免于溺水，但它无法阻止船舶最终沉没。这种政策还可能会使优质银行无法获得合理利润，从而对银行系统造成严重破坏。此外，货币扩张还可能会催生泡沫，以及一种道德风险的氛围：银行家与监管者可能都会失去风险意识，回避一切痛苦的调整或纠正措施。

合并是一张充满了诱惑力的处方。在一些人看来，它是一剂灵丹妙药。当心！一切都要视情况而定。合并带来的主要问题包括：

• 两家或两家以上问题银行的合并只会使问题加剧。

• 即使问题银行被实力较强的银行收购（这是一种非常理想的处置安排），如果新公司没有得到适当的资本重组或管理，也可能会变得非常复杂。

• 即使机构最初都是健康的，大型银行的合并也可能产生严重问题，因为这类合并可能会创造出过于庞大或与其他银行联系太过紧密而无法关闭或处置的系统性机构。这些机构难以管理、难以监管，实际上也无法处置。它们注定要像僵尸一样无限期地在市场上流连，并对监管者造成巨大压力，监管者在想要对其采取任何严厉措施时都会发现自己已被束住了双手。

所有并购都会带来某些附加风险。

• 合并后的机构会有账户趋于模糊的倾向。一些评论人士甚至认为这正是机构所有者与监管者的真正目标。

• 合并并不总是会产生协同效应从而使亏损减少。除非从一开始就能明确由哪家银行掌握主动权，否则合并会引发权力斗争，并为高管薪酬的大幅上涨和输家惊人的遣散费提供借口。

• 政府和监管者可能会发现它们受制于那些在它们的支持或是命令下进行的不成功的合并后所形成的实体，从而无法对其采取进一步的纠正措施。

责任分摊是一个非常合理的概念。股东、债权人和金融服务业应该在长期忍受痛苦的纳税人之前为银行资本重组和银行系统救助作出贡献。即便如此，如果该行业陷入系统性脆弱和/或监管者迟迟不能解决资不抵债的问题，当资本已经损失数倍、必须马上投入相当大规模的资金时，纳税人最终将不得不承担相当一部分费用。

以下拟对"内部纾困"这一概念进行详细阐述。

内部纾困，即通过内部的资本重组进行责任分摊。这一创新思维是非常正确的，它使得大额存款持有人与非优先证券持有人须在政府介入之前为消除亏损作出贡献。因此，内部纾困可以降低、甚至省去政府的救助费用。然而，内部纾困也有以下几个严重的缺点。

• 股票显然要被注销，但其他需要参与内部纾困的证券并非资本，而是非常昂贵的负债，并且在转换为资本或者注销之前会对银行的盈利能力形成妨碍。

• 内部纾困可在必要时提供资金，但其并不能注入流动性（后者是有效处置中不可或缺的）。因为只有在证券发行时才能获得流动性，而在处置过程中不会有新的资金出现。

• 存款和某些类型的债券所固有的风险对个人投资者而言是极其难以评估的，营销问题、道德问题以及法律问题都会相伴而来。因此，最好只向机构投资者出售此类工具，并且还须在事前充分披露合同细则和发行人的财务状况。

• 内部纾困可能对市场造成以下影响：其可能成为潜在投资者的抑制因素，虽然这种副作用的影响力还有待观察。

银行资本重组的另一种典型工具是通过不良资产的剥离以及管理层的变更建立"坏账银行"。然而，这一工具须满足一些严格的条件才能奏效。

• 坏账银行必须是一个独立实体，与问题银行没有任何法律、金融、管理或事实上的联系。管理人员应该谨慎地避免任何使两者存在联系的精巧的法律架构结构，监管者应该立即驳回任何相关提议。隔离是必需的，否则，无论法律架构多么富有想象力，清理都无法真正完成，而只是把垃圾从一个房间搬到同一所房子的另一个房间。

• 虽然坏账银行可能必须由政府拥有（至少持有部分股份），但它们最好是由金融业拥有的私人机构。但有时，它们可能不得不接受政府提供的部分贷款资助与担保支持。

• 只有在新控制人（无论是买方、战略合作伙伴还是政府）取代了导致其破产的原控制人之后，坏账银行才能从问题银行收购资产。

• 坏账银行只能购买不良资产，并且应优先考虑收购质量最差的资产，以确保亏损能够得到真正的清理。购买优质资产只会给问题银行注入流动性，却无法帮助其重新开始。

• 资产定价是确保坏账银行的清理有效性的关键。基本原则是亏损不会消失，总要有人为其埋单。让我们考虑三种资产定价的可选方案。

——账面净值。不良资产的亏损将在问题银行中得到彻底清理，并被坏账银行吸收。坏账银行将承担所有成本，无论它是由政府所有的、还是由金融服务业所有的，还是两者共有的。

——市场价值。亏损仍会被留在问题银行，必须立即通过现有的处置机制对问题银行进行资本重组。这是唯一可以合理预期账坏银行所收购资产的最终清算随时间推移会为买方带来利润的情况。

——介于账面净值和市场价值之间的折中价格。这意味着，坏账银行必须吸收部分损失直至市场价值水平，而留存在问题银行中的亏损必须由其他一些参与方吸收。

处置的另一个支柱是所有权和管理层的变更。换句话说，在战斗开始前必须先将障碍清除干净。所有权与管理层的变更必须是迅速而彻底的，且必须先于任何财政援助。否则，银行所获得的任何官方援助都将使之前的银行家受益。正如我们在一些国际案例中看到的那样，"救助资金"被用来支付甚至提高遣散费、薪酬、奖金和/或股息。一般而言，为保护存款人、雇员，以及保护支付系统，银行系统总是会得到救助。然而，银行家本身不应该受到任何形式的保护，使其得以免受其自身决定所带来的影响，否则将会带来令人愤慨、不公平和极其低效的后果，并且只会鼓励不法行为或极度冒险的职业行为。

在撤换原有董事和管理人员的问题上，我想强调的是，问题银行管理层的选任至关重要。对问题银行的妥善管理需要专业知识与态度的巧妙结合。要打仗，你需要一个将军；要切除癌症，你需要一个外科医生。任何可能留任的管理人员和所有新上任的管理人员都应接受适当的筛选。否则，他们自身将导致一些负面的意外。

无论在任何时候发现了任何形式的欺诈行为，都应积极对原有董事和管理人员提起诉讼，令其承担问题机构所承担民事责任的补充或者替代责任。有罪当罚，具体的欺诈案件应当交付法院处理。除了使受害方获得赔偿之外，这也会对系统中的道德危险形成强有力的威慑。

有时，政府可能不得不介入，成为问题银行的临时所有人或经理人，为最终的所有权变更铺平道路。这方面要遵循的重要原则如下。

• 这是某种意义上的国有化，因此，政府只应在短期内停留，而后应将机构再放归市场。一年到两年是合理期限。

• 最好由规模较大、财力雄厚的所有人或战略合作伙伴取代政府接手机构，以确保机构未来的稳健性和可持续性。对所有人也应进行适当的筛选。

• 在政府管控期间，问题银行可通过进行一次或多次较长期限的资本发行向市场出售股份。但这一措施只有在银行的资本和收益得到彻底恢复，并且该机构由一支强大而稳定的管理团队掌控之后才能被使用。

在确定所有问题都已得到彻底解决前，各国政府和监管者不应"高兴得太早"。过早地宣称问题已得到解决既欺骗了市场，也会给宣称者带来骑虎难下的风险：政府和监管者在面对新的困难局面时将束手无策。

对资不抵债的银行的处置是一件苦差事。冲突是不可避免的，无论是与原控制人与投资者、被撤换的管理人员、借款人、员工、工会、纳税人之间的冲突，还是与政客及其亲信之间的冲突。然而，尽管这项工作非常令人生厌，但它还是比其他选项更为可取。

在本章的结尾，我想对现实主义的重要性作一强调。飞行员的格言是，"任何着陆都是好的着陆"。这自然无须进一步的润饰或解释。而对银行处置而言，可以将这句话稍作修改："任何损失都是好的损失，只要它是最后一次。"

最后，我仍想提出一个反思（法国人称之为"楼梯反射"，即一些你在离开会议或讨论后才意识到应该说的话）。针对我在文中提出的建议，有人可能会说，"好自然是好，但如果你发现自己正处于严重的经济和政治不确定性之中，或许就应该优先考虑保持稳定，而非实施强有力的监管"。从表面上看，这种想法似乎很合理，它至今仍是许多国家政策的重要驱动因素。但政府应当意识到，这种放任自流的稳定很可能只是一种表象，并且无法持久。在这种情况下，更严重的危机可能会随时爆发，并给经济、社会和政治带来更加高昂的成本。那些在系统遭遇困难时选择不作为的人，最终也会以这种或那种方式遭受损失。

第十三章

不良贷款 ①

---

① 本文为作者于 2017 年 9 月 22 日在法兰克福举行的欧洲系统性风险委员会（ESRB）第二次年会上的演讲，主持人为马里奥·德拉吉（Mario Draghi）。本文后发表于《中央银行杂志》。

"危机爆发已过去十年，许多欧洲银行的资产负债表上仍存在大量不良资产，亏损与日俱增。然而，许多银行却宣称其拥有很高的股本水平。问题究竟出在哪儿？"

———阿里斯托沃洛·德·胡安

关于欧洲不良贷款的逆耳忠言

欧洲需要克服对假想的危机的恐惧，对其银行实施更具侵入性的监管并计提更高的拨备。

全球金融危机爆发距今已过去十年的时间，当前，欧洲不良贷款问题受到了应有的政策关注。这些年来的许多监管努力值得称道，但令人担忧的是，许多欧洲主要银行仍存在严重的不良贷款问题，而很多银行的账面上却显示出令人满意的监管资本水平。虽然我们需要以更具前瞻性的方式来看待银行问题，但对当前问题的关注仍应作为首要关切。

1. 令人疑惑的印象

有关未计提拨备的不良资产的一个重要（但往往被忽视）的事实是，它们不会产生任何收益，而支撑这些资产的负债会带来实际成本，并造成现金外流。这将导致当期亏损与流动性的持续恶化。

国际监管组织非常关注银行资本，这是件好事，但监管、资产估值与拨备却没有那么受重视，而后者可以有效阻止或减少危机的数量和规模。这就好比集中精力于为葬礼埋单，而没有在前期想办法减少伤亡。

在欧洲建立共同的规制框架和监管机制是一项非常艰巨和漫长的任务。然而，人们不可避免产生了这样一种印象——欧洲当局为了维持他们假想出来的金融系统或经济的稳定状态，而放松了原本严格的规制和监管。

对"美好常态"的追求是一种理想。货币扩张甚至可能在短期内帮助实现这一常态，但未来可能既不美好也不正常。这样的政策就等于在盘算："我们的确打算改善，但是……现在还没有"。

事实上，当前的稳定在许多方面都显得非常脆弱，包括系统性不良贷款问题的悬置和严重的地缘政治不稳定性。市场流动性过剩导致银行家丧失风险意识并滋生泡沫，同时收益率下降导致债务增加。此外，唐纳德·特朗普总统在美国实行的管制放松政策可能在欧洲与其他地区引发传染效应。这些问题正在敲响警钟，因为它们与2007年之前的情况非常类似。

因此，我们需要的是正面、彻底和循序渐进地解决金融体系出现的问题，不能患得患失。骑墙观望可能会导致更严重的危机。宜早不宜迟！

2. 常常被忽视的"经验法则"

以下是一些建立在经验基础上的非常实用的忠告，而一些监管者往往会忽视这些可能出现的风险。

第一，问题银行几乎总是会有条不紊地隐藏他们的问题资产，因此，他们的账面信息不可信赖。任何对资本或资产质量的规制，若仅基于银行提供的"未经核查"的信息，则极有可能会归于无效，甚至会具有误导性。基于非现场分析、审计、报告、模型、压力测试、风险加权资产评估甚至资本要求合规得到的未经核查的信息也可能并不可靠。

第二，最糟糕的贷款（基于规模和风险而言）从不会被登记为"逾期"。相反，它们往往借助债务重组而被伪装成优质贷款。人们无法发现这些被隐藏起来的亏损，账面上的财务状况和资本都是虚构的。因此，通过现场检查进行资产评估是审慎监管的关键所在。根据笔者的经验，为使资产评估符合现实，应通过在现场进行逐案核实，根据借款人的还款能力登记止赎权市场价值和贷款估值。这应在对拖欠贷款或"已发生欠款"的正式报告之外进行，因为后者很容易被操纵。

第三，尽管有来自管理层的阻力，但还是应立即确定具体的拨备数额以及暂停未付利息作为收入。拨备和暂停计息是派息以及高管薪金的天敌——这是银行家不愿计提拨备的重要原因。换言之，监管机构及时计提适当的拨备和暂停未付利息作为收入（视具体情况而定）是阻止隐性不良贷款损失滚雪球式增长最有效的措施。当问题被识别出来（而非亏损持续积累）时，管理层和监管者应采取循序渐进但纪律严明的纠正措施，这将被证明是非常有效的，并有助于减小危机的数量和危害程度。不良资产悬置的责任可直接归咎于管理层，其对股东和市场负主要责任；要使审慎规制者和监管者受到任何方式的谴责，则需要有真实的政治意愿。

第四，账面上的资本并不是实际的资本。实际资本是账面资本减去未决不良贷款拨备的不足之数和从虚构收入中留存的已入账准备金的差额。坦白说，实际资本也受到了监管资本的一些组成部分质量不佳的影响。其中包括应急可转债（CoCos）———一种依情况而定的、可转换的资本工具。只要发行人未倒闭，这种工具就是负债。并且，CoCos是一项非常昂贵的负债，在资产回报停滞不前的时候，它可能会鼓励银行开展高风险放贷行为。商誉和递延所得税资产等项目作为银行资本也是有问题的，因为它们几乎没有吸收损失的能力。坦率地说，实际资本应该足以覆盖未来的"未知的未知"。如果新的资金被用来覆盖当期亏损，这实际上是在注入流动性，而不是在注入真正的监管资本。监管资本应该是"干净"的资本，可用来弥补未来所有的亏损。关于资本的最后一个观察是，当一家发行资本的银行的净资产为负，却对潜在的认购人隐瞒实际情况时，新的发行行为就构成了欺诈。还记得那句谚语吗："不要花钱去填无底洞。"

第五，前瞻性监管方法不能替代以当前问题为关注重点的高质量的现场监管。

第六，加强银行治理的持续努力理应受到欢迎，但其并不能代替现场检查。因为治理水平容易变化、难以控制，良好治理是一个长期目标。文化变革是渐进的，经过很长时间才能实现。这凸显出以下事实：监管宽容———尤其是对过于宽松的资产估值行为或粉饰行为的宽容———是透明度的天敌，并且也很难与良好的银行治理共存。

第七，将流动性支持作为监管工具也可能会产生问题。市场缺乏信心或偶然事件所引发的恐慌，可能会突然造成银行挤兑，这将加剧银行资本减缩导致的自生现金流的匮乏。若监管者在这一时点才介入，则干预已经太迟了，并且干预的成本会变得非常高。传统上，流动性支持或最后贷款人制度作为激励银行管理人员和监管者迅速采取纠正措施的手段，都只能在短期发挥效用，并且成本极高。仅以提供流动性支持（无论采取任何形式）来处理资本减缩或资不抵债，将无法填补资本不足或资不抵债的"黑洞"。央行以低利率或零利率提供长期的大规模流动性支持是"假朋友"。无论通货膨胀的目标是什么，是经济复苏抑或是改善银行的非经常性利润，货币扩张的效果都只能维持一段时间，继续维持下去将会带来严重风险，例如可能会导致银行业务模式发生变化，资产回报率停滞不前，以及泡沫化和道德风险（从而导致银行过度的放贷行为与风险承担）。

结论是，任何金融工程方案，包括制订坏账银行处置方案，都应避免对银行家构成偏袒——问题正是银行家所引发的，银行家应负起责任；避免任何向市场展示银行的健康假象的粉饰行为；以及避免孤注一掷将宝押于不良资产价值的回升上——此类金融工程的预期可能无法实现，因为不良资产在难以产生收益的同时还会带来维护、营销和服务成本。而若要使坏账银行能够发挥其作用，则它们必须以市场价格购买不良资产。毋庸置疑，任何未被计提拨备的不良资产都将在转入清理过的银行时形成亏损，并自动从储备金扣除相应数额。若不良资产的售价高于市场价格，坏账银行将承担相应亏损，救助方案必须妥善和及时地对这些亏损进行覆盖。

3. 不良贷款处置机制

就不良资产或不良贷款处置而言，除了成立坏账银行之外，其他机制也不应被排除。然而，一些现有机制已被证明是虚伪而无效的。为何欧洲的不良贷款和不良资产至今仍未得到清理，成为欧洲许多银行和国家的巨大负担？多数情况下，这是因为这些不良资产没有被计提适当的拨备，并且，出售将导致亏损的形成。市场流动性过剩确实也对不良资产的清理造成了不利影响，但只要价格合适，总会有市场的。因此，促进不良贷款和其他不良资产及时清理的最好办法是，将其分别以回收价值或市场价格计入账簿。通过这种方式，不良资产的出售不会形成任何新的损失。

4. 拧紧螺丝

对于许多人而言，《国际财务报告准则第9号》代表着巨大的进步。他们认为，没有必要再进一步收紧规制和监管了。我并不赞同这一观点，因为《国际财务报告准则第9号》所发明的最新的灵丹妙药——"预期损失"（这一概念的提出打破了十多年来一直强调"实际损失"的惯性）有许多可能会遭到限缩解释的说明。此外，预期损失是建立在"内部"数学模型基础上的，并且，新规则还错误地维持了确认未支付的利息收入的做法，后者是金融监管最可恨的天敌之一。

许多专家认为，《国际财务报告准则第9号》的进步非常有限，尤其是在问题银行议题之下。对预期损失的规制以及相关的监管行动应更加严格。在我看来，其应当被新的财务报告标准所替换。

另一个需要收紧的领域是，监管法规应强制要求不良资产按其市场价值入账。换句话说，一旦发现潜在损失，就应该对不良资产计提适当的拨备。如果情况好转，可以设定一个过渡期来缓释其影响。需要指出的是，《国际财务报告准则第5号》规定清理不良资产的最长期限为一年（这一规定并未得到平均和严格的适用）。在任何情况下，最后期限不得超过两年。

此外，应强制暂停未支付和无法偿还的应计项目，而不是在损益表中将其确认为收入。暂停应涵盖本金总额，而不仅仅是贷款的未拨备部分。原因是，当贷款成为坏账时，借款人实际上不会支付任何利息，后者通常由贷款银行进行再融资。这是不良贷款"常青化"的典型状况。

依照经济部门或产品对贷款进行分类的数学模型也同样不值得信赖，尤其是当这些模型被用于压力测试时。如果这些贷款分类是由不良借款人设计的，并且没有经过核查和适当的量化，情况尤为如此。

法定拨备比率应适用于贷款的整个久期，而不应只适用于一个较短期限或资产的贴现现值。这确保了账簿中能够记载从检查之日起所发生的全部亏损。

5. 检查、拨备和资本

为量化预期损失，上述计提适当拨备和暂停应计项目的方法将需要回归现场逐案检查这一传统的监管做法。这些检查持续的时间越长越好，并且不应只局限于对程序的检查。

在某些人看来，这种监管方式听起来像是来自石器时代。在他们看来，现场检查极其烦琐耗时。为此，为达到合适的检查强度，可以对较不重要的资产采用传统的抽样检查方式，以节省时间和资源。美国金融危机和其他国家危机的经验证明，这种监管方式比最近建立的机制更有效。

诚然，现场检查需要耗费大量的人力、物力，但历史表明，不采取任何监管行动或检查强度过于轻微到头来成本会变得更加高昂。另一种观点认为，监管者可能会对亏损有所高估。如果出现这种情况，高估的贷款回收额可作为杂项收入计入损益表。总的来说，高估亏损比低估亏损的风险要小。

还有一种观点认为，用资本（而非拨备）来弥补潜在损失更安全，因为拨备可能被"坏银行家"操纵。但事实未必如此。对拨备的操纵可以通过特别的监管措施来预防，而资本核算也可能被操纵。例如，风险加权资产的风险权重经常遭到操纵。此外，还应谨记，一些资本认购是由发行机构部分提供融资的。

支持对拨备做明确规定的另一论点是，这将增加透明度，并可以及时、妥善地暂停虚构的应计项目。更高的资本则要求无法做到这一点。事实上，资本不可能年年增或轻易增加。需要时再增加资本往往已经为时晚矣，因为市场会马上对资本不足的真正原因产生怀疑。

需要强调的是，若以资本来弥补当期亏损，而不是降低利润并计提适当的拨备，银行家的道德风险就会得到滋长。"坏银行家"将继续隐藏损失，同时支付不合理的税收和不适当的股息，发放出更多的不良贷款或进行债务重组。他们不会削减管理层的薪水和奖金，而奢靡的支出和对银行金融和社会影响力的提升行为仍会继续。

此外，为当期亏损计提的拨备应立即记入损益表。贷款亏损的显现可以使银行家意识到，银行正在恶化，但仍有时间采取行动。这将有利于管理层和监管者朝向提高透明度的方向做出积极的市场反应，然后采取必要的纠正措施。事实上，为亏损逐步计提拨备将防止重大亏损突然降临。贷款亏损从不会突然出现，它们是逐渐增长的。因此，一旦识别出亏损，就应对其立即捕获并及时治疗，这与及时服用预防性药物的道理如出一辙。

当期亏损应记入损益表。但如果亏损已经累积到一定程度并在突然之间被披露出来，则应从储备金和资本中将其扣除。一旦监管资本低于法定水平，监管者可要求立即进行资本重组，这赋予了监管者充分的权力以防止银行的进一步恶化。

综上所述，当不良贷款和不良资产以市场价值或接近市场价值入账时，这里提出的建议将使不良贷款和不良资产处置总体上变得更加便捷。如上所述，价格合适时，总是有市场的。如此，不良资产的处置将不会引发任何新的账面损失。问题银行将最终得到彻底的清理。

6. 其余的问题

（放弃快速复苏的虚幻理想）及时计提拨备对于长期复苏至关重要。尽管计提拨备会形成当期亏损，但银行会变得更有流动性，更容易回归正常状态。

诚然，这一选择可能会揭露一些机构的破产状况，导致由谁支付账单（股东、债权人、行业，还是政府？）以及按什么比例支付的问题将被提到台前。但不幸的是，任何其他选择都将面临同样的问题，不管是采用"富有想象力"的会计方法，还是怀抱价格快速回升的不切实际的预期，最后，隐藏的"窟窿"终将浮出水面，并且必须由某人填补。不论如何形容，窟窿就是窟窿。事实将证明这个窟窿会越来越大。甚至更糟的是——相关银行可能重获生存能力，但变得异常脆弱。

那些唱反调的人可能会问：那些使系统恢复了正常，并成功收回了救援资金的最成功的监管者是谁？答案是那些及时注入政府和行业资金的监管者，例如美国监管当局。这表明，资本重组和清算规则可能仍不成熟，仍需对其进行重新审视。

长痛不如短痛。美国道格拉斯·麦克阿瑟将军曾说，"所有失败的原因都可以归结为一句话：太晚了"。

14

CHAPTER

第十四章

西班牙危机的来龙去脉 ①

---

① 本文基于作者于 2017 年 12 月 11 日向调查最近的西班牙金融危机的西班牙议会委员
会所做的陈述。该委员会共召集了一百多名主要参与者、证人和专家发表意见。会议
结束时，作者的发言获得了各方代表的肯定，作者的观点被认为是切合实际且没有偏
见的。

"西班牙监管者在危机中表现出的不作为与行动迟缓的根源在于经验不足、政治干预、财政政策的短视以及政治意愿的缺乏。"

——阿里斯托沃洛·德·胡安

1. 引言

2007—2017年的金融危机故事冗长而凄凉，而且很可能仍未结束。大批人物牵涉其中，其中最主要的是对破产机构负有责任的经理和高管。同时，另一些重要机构和人物也未能使其成功地发挥应有作用，包括：

- 评级机构
- 房地产估价师
- 外部审计师
- 国内审慎规制机构和监管机构
- 新的重组机构的董事
- 欧洲审慎规制机构和监管机构
- 政府的某些部长

2. 国际危机的根源

本轮危机是由多重原因所引发的，并且危机在不同的国家呈现出了不同的形式。在美国，受到危机影响的基本上是所谓的"次级"按揭贷款，这些按揭贷款在金融管制最为放松的时期通过证券化、管道融资或其他工具进行包装并在全球进行营销。这些由次级借款人获得的次级按揭贷款大多经过证券化，并以债券的形式出售给基金。银行在向养老基金、投资基金等推销这些债券时没有遇到困难在很大程度上要归功于评级机构轻率地授予了这些债券AAA级或AA级的过分慷慨的风险评级。这一机制成倍地扩大了贷款银行的信贷能力，进而增加了银行利润，并进一步提高了银行经理和高管本已相当可观的收入。

在西班牙，危机的焦点是房地产（尤其是对开发商发放的贷款）。就在危机爆发前夕，开发商还在怀着获得新建住宅许可的期望忙于购置土地，他们期望这些房屋能随即轻松售出。危机前，在西班牙储蓄银行和商业银行所提供的极其慷慨的贷款条件下，开发商的这一愿望是有可能实现的；坦白地说，这些贷款条件往往建立在存在问题的评估之上。面向家庭与个人的贷款发放也十分随意，有时甚至没有对他们的偿付能力进行过核实。许多借款人购买住宅并不是为了居住，而是为了"投资"，一些人甚至将所获得的住房贷款部分用于购买与住宅毫不相关的奢侈品。与此同时，储蓄银行还将巨额现金投向了一些华而不实的项目中。

3. 国际泡沫

20世纪90年代，信贷泡沫蔓延到了越来越多的国家。2000年后，泡沫迅速膨胀：在美国，这种情况发生于"9·11"恐怖袭击之后；而在西班牙，则发生于采用欧元作为法定货币之后。泡沫直到2007年才最终破裂，彼时，许多购买了大量的美国次级按揭证券的德国银行与法国对冲基金陷入了极度困难的境地。

大规模的国际违约接踵而至，流动性不足在同一时间如野火般蔓延，全球金融体系潜在的偿付能力问题彻底暴露了出来。然而，直到2008年9月雷曼兄弟在美国申请破产时，这一点才得到了国际社会的承认。偿付能力危机迅速在全球蔓延开来。

4. 泡沫是如何形成的

泡沫是以下因素共同作用的结果。

• "二战"后建立的旨在防止1929年大萧条后的金融崩溃再次出现的布雷顿森林体系于1971年解体。

• 金融自由化的思想观念受到美国主要大学的推崇，并被国际机构强加于世界各国政府。这一信条要求人们盲目信任市场作用，同时假设银行可以照顾好自己。他们试图打着拒绝"大政府"的口号避免任何形式的公共干预。

• 1933年通过的旨在禁止零售银行开展资本市场业务的法律在1999年被克林顿政府废除，在这之前，资本市场业务是一项专为投资银行保留的业务。

• 全球主要央行（美联储、日本央行和欧洲央行）的货币政策导致了市场上的流动性过剩。这打乱了国际收支平衡，尤其是使德国的盈余储蓄能够为西班牙和其他不节俭的欧洲国家的泡沫提供资金来源。结果是，实际利率（名义利率减去通货膨胀率）变为负值，西班牙的商业银行和储蓄银行中充斥着富余资金。房地产投机行为在西班牙全国范围内蔓延开来。

• 在采用欧元作为本国法定货币后，西班牙人口迅速增长。人口在短短7年时间里增长了15%，从2000年的4000万人增加到2008年初的4600万人。移民的涌入是人口快速增长的主要原因，他们需要有地方居住，这进一步刺激了西班牙住房存量的扩张。

这些因素以及其他类似因素使包括西班牙在内的许多国家的贷款政策逐渐失控。彼时，西班牙的信贷以每年超过25%的速度迅速扩张，而无论是放贷机构还是监管者却都对这种不计后果的自我毁灭行为视而不见。

5. 为什么是储蓄银行

随着欧洲银行同业市场的崩溃，银行业危机在2007年蔓延到了西班牙。此次危机对西班牙储蓄银行打击尤为沉重。因为基于传统存款短缺的状况，西班牙的储蓄银行采取了基于在批发市场借款的增长策略。因此，西班牙的危机在很大程度上可以归咎于银行管理不善和监管当局行动的缺陷。

西班牙金融体系有一个非常突出的特色：20世纪80年代，经过游说，西班牙的储蓄银行成功获准可在全国范围内开展业务，而不再仅仅被局限于注册地区，这使它们跟欧洲其他国家的同行变得非常不同。然而，基于其特殊的股权结构，对管理人员的罢免难以获得批准，这使得许多极不称职的老板能够留任多年，从而造成了可悲的后果。此外，储蓄银行长期饱受政治干预的困扰，因为20世纪80年代放松管制的新立法为银行业以外的利益相关者代表保留了一些董事席位。多数情况下，经典的"适格性"条件显然没有达到。到20世纪90年代，随着储蓄银行业的发展壮大（达到西班牙金融体系的近50%），这一问题变得更加严重了。

储蓄银行管理方面存在的主要弊病是：过度追求跨区域扩张，以及普遍存在的对通过资本市场借款实现资产负债表短期扩张的奖励。这些问题最终导致了储蓄银行的崩溃。西班牙政府不得不为这场巨大的危机承担了相当一部分费用。此外，大规模的企业倒闭和失业率的上升进一步加大了危机的损失，同时也严重影响了西班牙的政治稳定。

6. 监管者的表现如何

危机发生前，全世界绝大多数监管机构（很多都拥有强大的研究部门）都清楚地意识到了整个系统范围内的经济和金融异常以及金融泡沫风险。西班牙的监管者也不例外。

彼时，西班牙已拥有遏制泡沫所需的法律和监管工具。首先，1988年的《西班牙银行纪律和干预法》赋予了监管者对财务造假行为和欺诈行为采取行动的充分的强制性权力和工具，同时也为遏制银行资产负债表的轻率扩张并处理其后果提供了监管工具。这些权力包括：

- 限制贷存比。
- 分部门对风险集中作出限制，包括提高最低股本要求和拨备，如同20世纪80年代初的做法。
- 限制抵押贷款与抵押资产价值之间的贷款与价值比，但须严格控制估值。
- 罢免怠忽职守或疏忽大意的管理人员，这是自1978年2月以来一直存在的选项。

所有国家的监管当局普遍不愿采取必要措施刺破泡沫或对其进行处理。没有人愿意停止这场"派对"。毕竟，泡沫在短期内产生了非常可观的积极影响，并焕发出了耀眼的光芒。

- 卓越的GDP增长；
- 中央政府与地方政府的高额税收收入；
- 建筑业和相关配套产业的繁荣；
- 就业机会的增加与失业率的降低；
- 在西班牙，人们还普遍认为，金融机构依法计提的所谓的"统计拨备"能够提供足够的保护。

此外，泡沫的任何不利影响，都是在流动性过剩、经济周期的观念发生转变，以及可能存在政府对监管施加阻拦的国际背景下出现的。

7. 危机的处理及其障碍

大约十年前，全球爆发了严重的金融危机。在西班牙，这被看作储蓄银行危机，因为储蓄银行先前在房地产市场令人眩目的扩张周期最后以不少机构在此次危机中倒闭告终。诚然，西班牙一些私人银行也有类似的业务扩张模式，但它们的参与程度较低，承担的风险也较小。

与此同时，西班牙当局的危机处置显得行动迟缓、矫揉造作，并且代价高昂。事实上，若能及早作出正确的诊断并毫不拖延地采取有效的措施，成本会小很多。

许多外部障碍阻碍了有效的早期行动。

- 储蓄银行董事会成员资格的特殊性以及股份或其他权益资本形式的所有权的缺失。董事中的不少人来自广泛的专业领域，他们的主要关注点在于讨好任用他们的机构，以确保能够继续连任。

• 西班牙银行的监管活动有时会受到地方政府的阻碍，特别是在涉及机构合并时。

• 银行、审计师和监管者对21世纪初发布的国际会计准则（尤其是《国际会计准则第39号》）的适用过于简单化了。该准则优先考虑实际发生的亏损，而忽视了对预期亏损的识别。换言之，损失的确认须以贷款获批后发生的某一正式事件为条件，如违约或宣布破产。此外，人们假设所有贷款（包括坏账）的授予都是适当的，从而推迟了对疏忽放贷行为造成的亏损的确认。

• 鉴于储蓄银行特殊的法律地位，它们不能以发行股票或类似证券形式增资。因此，它们依赖留存收益和发行混合证券来维持法定偿付能力比率。

• 储蓄银行的潜在收购者数量非常有限（这是正常现象），并且，收购所有权缺失的实体会遭遇复杂的结构性难题。

与此同时，监管系统也深受到自身内部问题的困扰。

• 为市场所感知到的摇摆不定的政治意愿。

• 官方错误地预判房地产价格会在一两年内回升，并且家庭会一直偿付其按揭贷款，因此没有必要采取更有力的措施。

• 公共资金的使用被一概视为"禁忌"。这种想法是短视的，因为在一些情况下，公共资金的使用在所难免。

• 当局对直接干预的强烈厌恶。它们认为这种亲自操刀的措施将产生过多噪音并会呈现负面形象；此外，当局缺乏管理金融机构的经验。对直接干预的恐惧使问题银行的亏损几乎不可能被坦白交代，这反过来又弱化了监管在核查和透明度方面发挥的作用。

• 给检查员的指导方针显然包括给予问题银行解决其合规难题的正

式建议，而不包括对偿付能力问题和管理问题进行识别，也不包括要求及时采取纠正措施。

第一阶段：混乱、"资金软管"和监管宽容

2007年出现的全球流动性枯竭使许多人开始确信（他们的真诚可能会受到质疑），流动性是问题的核心。但实际上，全球面对的是一场偿付能力危机。彼时，所有人都在谈论"动荡"。然而，到2008年，银行和储蓄银行所遭遇的融资困难暴露了它们过去几年收入的不稳定性，这些收入是通过承担更多的债务和越发难以管控的风险而获得的。值得注意的是，2007年10月西班牙金融体系不良率仅为0.5%，当然，这不包括大量尚未确认的可疑贷款。四年之后，不良率已超过了15%。混乱从那一刻开始了。如前所述，各国政府既缺乏经验，也缺乏政治意愿。即使在2008年3月美国投资银行贝尔斯登（Bear Stearns）破产、7月西班牙建筑公司马田萨·法迪萨公司（Martinsa Fadesa）破产、9月雷曼兄弟（Lehman Brothers）破产等事件敲响了警钟之后，情况依然如此。但雷曼兄弟破产事件使许多国家迅速启动了处置机制，而西班牙并未如此做。

雷曼兄弟破产后，西班牙当局采取的措施仅限于通过后被称为"货币软管"的方式向金融体系中注入流动性。这主要包括从银行购买优质资产并为其证券发行提供担保。此外，减值的计量标准被放宽，拨备的要求被降低。再融资成为掩盖事实真相的主要手段。

2009年初，西班牙银行本可以在已有的存款保险和坏账银行机制基础上启动破产重组机制（存款保险和坏账银行由政府和金融部门各出资50%，在20世纪80年代的银行危机中发挥了良好的作用）。然而，事情却并未如此发展。恰恰就在那时，时任西班牙央行副行长的何塞·比尼亚尔斯（José Viñals）辞职赴任国际货币基金组织的高级职位，而原财政部长佩德罗·索尔贝斯（Pedro Solbes）被埃琳娜·萨尔加多（Elena Salgado）所取代。

事实上，2009年曾尝试过一些实验性的重组措施。但与此同时，政府仍顽固地拒绝承认经济和金融系统出现的微妙状况，以防止之前的谎言被揭穿：政府在过去一直声称西班牙经济稳健，并拥有西方最好和最值得效仿的银行体系和监管体系。如前所述，公共资金的使用一概被视为禁忌，对问题机构的干预被尽可能地避免了。这使西班牙银行检查人员的工作大大受限，而替代他们的审计师并不总能胜任这项任务。对不良贷款的本金和利息进行再融资的做法蔓延开来。与此同时，银行机构将问题贷款归类为"正常"或"次级"的情况变得越来越普遍。被归类为正常的贷款无须计提拨备，而次级贷款在资产负债表中不会被认定为"可疑"且拨备不会超过15%。监管法规还允许由贷款人提供融资的利息支付被确认为收入。次级贷款被广泛采用以掩盖向房地产开发商提供的大额贷款的减值。

正是在这个时候，卡斯蒂利亚·拉曼查（Caja Castilla la Mancha，CCM）银行轰然倒下，成为西班牙倒闭的第一家储蓄银行。第一阶段所采用的监管机制也随之宣告失败。

第二阶段：有序银行重组基金（FROB）和存款担保基金（FGD）

有序银行重组基金（FROB）是西班牙政府听取私人顾问的建议后创建的。该机构成立于2009年中，2009年末开始运营，初始资本为90亿欧元。此时，危机已经爆发两年了。

FROB成立后在储蓄银行重组过程中发挥了关键性的作用。FROB使用纳税人的钱来清理储蓄银行的资产负债表，为储蓄银行之间的合并提供资金，削减在市场上运营的机构数量，同时精减臃肿的员工队伍、关闭不必要的分支机构。选定路径还包括，通过一系列立法规定使储蓄银行逐步转变成商业银行。

三家存款担保基金被合并为一家。新的存款担保基金（FGD）完全由西班牙金融体系提供资金，在FROB的主导下发挥剩余作用。然而，在CCM、地中海储蓄银行（Caja de Ahorros del Mediterranep，CAM）和UNIMM（Caiixa de Sabadell、Caixa de Tarrasa与Caixa de Manlleu三家储蓄银行合并后成立的银行）的案例中，FGD最终都采取了行动，后两个案例中，因为FROB缺乏救助有关机构所需的资金，迫使FGD不得不向买方提供资产保护计划（APS）以承保在购买时未被确认的亏损。这些APSs将对FGD的资本造成严重侵蚀。

FROB的职能是通过新设立的监管安排——机构保护计划（IPS）（与德国的一种机构存在某种相似之处）来安排储蓄银行之间的合并。西班牙央行及其顾问们即使不能说"强制推行"，也至少是积极推动IPS的逐案使用。IPS采用的是在商业和会计方面逐步合并的方式——所谓的"冷合并"：首先，每一个IPS的成员储蓄银行将共同创建一个管理公司，负责所有成员的贷款安排和风险控制。起初，20%的资本和收益将会成为共有，这一比例后来将被逐渐提高到100%。进而，在一系列法律规定的推动下，IPS被逐步改造为银行。这样一来，每一家储蓄银行都可以在纸面上得以存续，同时它们作为一个团体又满足了监管资本的要求，即使此时在法律上并不存在一个正式的团体。

FROB机制从一开始就存在内在缺陷。

• 根据FROB自身规则和欧洲当局的要求，IPS的成员储蓄银行只有在"基本健康"的情况下才能获得政府救助。然而，由于系统中健康的银行太少，这一条件从未得到满足。其结果是，不良机构被组合成一些既虚假又羸弱的新机构，而原有的不良机构通常仍处于属于地方政府某一政治派别的控制之下。

• 多数情况下，在每个IPS成立之前，西班牙银行都会请审计师和顾问对IPS的建立展开可行性研究，但他们的建议常常是错误的，有些建议甚至导致合并从一开始就命途多舛。进而，西班牙银行自己会对每个成员银行进行诊断，以确定FROB以认购优先股（即混合债务工具，在我看来是一种可疑的资本形式）的形式需要提供的资本额。

在其诊断中，西班牙银行将对储蓄银行进行初期资本重组的责任加诸于FROB，但由于对资产价值和损失规模的预测过于乐观，要求的金额明显不足。用于弥补隐性损失的拨备不足这一问题被忽视，这将很快导致资本侵蚀。而在计算资本时则考虑了虚构的潜在资产收益、商誉、虚假的资产重估、递延税收抵免以及可能的协同效应的估价。

资本重组是通过将常规存款转换为监管资本工具（主要是优先股）来进行的。这是危机中最大的争议点之一，因为储蓄银行自身的商业实力以及这些证券的高收益率（在许多情况下高达7%）将使这些证券很容易卖给那些对金融一窍不通的客户，后者缺乏专业知识，难以了解他们所承担的风险。

结果是，FROB对优先股的认购不足以帮助IPS完成重组并将其转变为具有生存能力的实体。尽管资本不足，并且潜在的巨大亏损仍在与日俱增，但由于管理上的惰性以及使用繁重的债务为维持非生产性资产（未减记其价值或计提拨备）的持续成本提供资金，这些新机构被允许硬撑了几年。

人们可能会注意到，FROB此时为新的"IPS—银行"任命了新的董事，但这些董事只获得了有限的授权，而且他们仍然要与原储蓄银行的一些高管并肩工作。这些新董事的到来并没有使透明度、资产回报和高管报酬产生必要的改变。

在一般的IPS安排不断开展的同时，西班牙政府发现其被迫要处理诸如CCM、CAM和UNIMM等紧急案件。这些机构获得了大量的现金援助，并且被努力确保以象征性价格被出售给其他实体，后者将通过购买优先股承担所有的初始已知损失。

此时，上文提到的资产保护计划（APS）应运而生。由于在出售时缺乏可靠的诊断，FGD和FROB承保了目标机构买家可能出现的相当一部分或有损失或新增损失。除了CCM案外，这种资本支持并未附带任何现金注入，而只是作为一种财务担保，尽管如此，这种担保使受益人能够在其账簿上确认相当于APS担保价值的账面收益，但没有现金。

第三阶段：2012年的战略转变

直到2012年（也即危机爆发五年后），西班牙金融业的重组模式才开始明显改观。这是一个非常积极的发展，但其进展还远远不够。与西班牙央行的策略相左，西班牙政府直接要求银行对其全部房地产贷款组合计提相当数量的一般性拨备。这一举措来自外部顾问奥纬咨询（Oliver Wyman）最新编写的金融业调查分析（西班牙银行曾力排众议聘请奥纬咨询代为履行其自身检查人员的职责）。该建议在当年2月和6月的两部皇家法令颁布后最终落地，其中，第一部法令要求计提500亿欧元的拨备，第二部法令要求计提300亿欧元。其目的是通过在2012年12月31日财务报表计入费用，来弥补2011年12月31日房地产贷款余额的所有损失。

与此同时，迫于国际货币基金组织的压力（基金组织在当年耗时数月对西班牙金融业进行了一次评估），西班牙政府于2012年7月与"三巨头"签署了谅解备忘录。该备忘录使西班牙能够以非常有利的条件从欧洲稳定机制（ESM）获得1 000亿欧元的巨额信贷便利。作为交换，它最终同意用实际现金资金对由合并后的储蓄银行转变成为的银行进行资本重组。其中，班基亚（Bankia）银行是最引人注目的案例，其他重要的案例包括加泰隆尼亚（Catalunya）银行和阿班卡（Abanca）银行［由加泰罗尼亚（Catalonia）银行和加利西亚（Galicia）储蓄银行合并而来］等。

谅解备忘录还要求建立一个坏账银行——SAREB——负责对问题银行的资产负债表进行清理，以将所有受损的不动产不良贷款剥离出去。为向班基亚（Bankia）银行、加泰罗尼亚（Catalunya）银行和阿班卡（Abanca）银行提供资本，并为SAREB的启动资本提供资金，西班牙政府通过FROB从1 000亿欧元中抽用了413亿欧元。为确保资本重组的实现，首先重新测算了相关银行中存在的亏损，此时的亏损金额已达IPS成立时所测亏损金额的4倍或5倍。

8. 班基亚（Bankia）银行案

班基亚（Bankia）银行诞生于7家位于西班牙不同地区的储蓄银行的冷合并。这7家储蓄银行之中最大的两家分别是马德里储蓄银行（Caja Madrid）和巴伦西亚储蓄银行（Bancaja），它们是此次危机中最棘手的案例。在冷合并后，作为一个整体的IPS背负着巨额的未确认亏损，并且资本不足。其实际资产净值不得而知。多种措施被用来纠正这种资本减缩现象，尽管它们很快又被其他措施所取代。

2010年，7家储蓄银行共同创建了一个IPS，从而在同年12月创建了一家资本仅为1 800万欧元的银行（BFA）。新机构接受了通过FROB认购优先股而注入总额为44.7亿欧元的资本。当时，该IPS的7家成员储蓄银行的资本总额为154.1亿欧元，而其确认的亏损为92.1亿欧元（约占股本的60%）。这些亏损是由储备金而不是损益冲抵的。

根据西班牙政府于2011年2月通过的一项皇家法令，上市银行的资本要求从10%降到了8%。从那时起，7家成员储蓄银行开始一心一意地致力于上市这一目标。为此，各储蓄银行将其全部资产和负债出售给BFA。BFA转而将最优质的资产和负债出售给另一家集团银行——阿尔泰（Altae），后者随后更名为班基亚（Bankia）。不过，班基亚银行的股票仍由BFA持有，从而形成了一个统一集团。班基亚银行可以通过在市场上发行新股来筹集资金。由储蓄银行出售给BFA，然后由BFA转让给班基亚银行的资产和负债由私人顾问给出了略高于200亿欧元的估价。然而，该估价并未得到审计师的审核。

2011年6月，班基亚银行进行了一次超过30亿欧元的增发，增发股本约占总资本的48%。发行价为每股3.75欧元，只有旧股账面价值的三分之一。有消息称，当时班基亚银行的营业网络的表现非常消极。增加的资本在巨大的压力（尽管未必来自市场）下被同时卖给散户和机构投资者。实际上，一些相关机构在认购股票后几乎又立即对其进行了减持。

班基亚银行股票上市仅三个月时，危机的第一个预兆就出现了。2011年11月，班基亚银行集团请求西班牙银行接管其持股近40%的瓦伦西亚银行（Banco de Valencia）。西班牙银行很快就同意了。瓦伦西亚银行是本次危机中第一家被国有化的银行，也是第一家遭受这种命运的上市机构，因为其母公司班基亚银行无法依靠自身力量来拯救它。班基亚银行抛弃了这家子公司，并通过FROB将这个烂摊子留给了西班牙政府，后者在对其进行了一次耗资55亿欧元的救援后，又将其（彼时已奄奄一息）出售给了凯克萨银行（Caixabank）。尽管当时所提供的财政援助的对象并不是班基亚银行，而是其子公司，但这成为班基亚集团整体疲软的显见标志。

西班牙新任政府颁布的法令要求所有银行在2012年4月向西班牙银行提交关于减记与拨备的简要计划。班基亚银行提交的计划认为，其需要注销超过70亿欧元的债务。西班牙银行批准了班基亚银行的计划，但显然需要遵守一些条件。与此同时，负责审计2010年12月31日财报（银行在2011年7月上市时所使用财报）的审计师，突然发布声明拒绝签署该银行2011年的财报。随后，西班牙国家证券市场委员会（CNMV）要求该集团提交经过审计的财报。5月4日，班基亚银行提交了未经审计的2011年的财报和管理报告，报告显示班基亚银行盈利3.07亿欧元，其母公司BFA亏损3 000万欧元。

在5月7日宣布派息后，班基亚银行突然通知西班牙国家证券市场委员会，其董事会主席已辞职，下一任主席将由何塞·伊格纳西奥·戈里戈尔扎里（José Ignacio Goirigolzarri）接任，他还带来了自己的团队。

那是一段风雨飘摇的日子。班基亚银行股票暴跌，西班牙国家证券市场委员会最终在2012年5月25日将其停牌，彼时其股票价格已降至每股1.57欧元，低于一年前IPO发行价的一半。在这种情况下，班基亚银行的新任董事会决定：重述前任管理团队在20天前提交的财务报表，揭示BFA和班基亚银行的重大亏损，这将完全逆转之前报告的盈利状况；以及请求西班牙政府为整个BFA-Bankia集团进一步提供190亿欧元的援助。其中，大约120亿欧元的援助将用于班基亚银行本身。

虽然此次提出的援助请求远超过前任管理层估计的70亿欧元，但西班牙和欧洲监管当局都批准了新的援助计划。同时，FROB在2010年12月认购的47.7亿欧元BFA优先股将转换为资本，作为2011年30亿欧元增资的补充。西班牙政府为BFA-Bankia集团提供了共计234.7亿欧元的财政援助。在18个月前，该集团刚刚被认为"基本上恢复了偿付能力"。这些措施使得FROB获得了该集团股东和董事会成员的地位，并沿袭至今，因为该集团至今尚未按照谅解备忘录的要求售出。

除FROB注入的235亿欧元外，该集团还从政府担保中获益。政府担保虽然无须任何现金支出，却仍使财政部承担了很大的风险。这些担保覆盖了班基亚银行向SAREB出售其房地产和大部分递延所得税资产（69.6亿欧元）而从后者获得的价值223.2亿欧元的债券。该集团还受益于危机初期西班牙政府为班基亚银行的证券发行提供的大量担保，虽然这些担保最终没有产生任何费用，因为发行人到期清偿了相关债务。

这次成功却代价高昂的救助行动涉及7家储蓄银行合并，以及集团管理层的重大改变。这些变革与资本重组是最后取得积极成果的必要条件。另一种选择是任由班基亚集团破产，而这将带来无法预测的后果。

9. 坏账银行——"SAREB"

根据与"三巨头"签署的谅解备忘录，西班牙政府成立了"坏账银行"——SAREB。SAREB是一家混合所有制的有限责任公司。作为银行和储蓄银行破产重组的一部分，SAREB将收购这些机构所拥有的质量最差的房地产贷款资产。这个想法确实很好，但其采用的资本结构却很不平衡。此外，所收购的大部分资产账面价值较高，这增加了清理工作的复杂性。

SAREB是西班牙银行体系资本重组的重要补充工具。其启动资金为3亿欧元，股票溢价9亿欧元，由FROB（45%）和21家私人组织（16家银行、4家保险公司和1家电力公司）进行分摊，这些公司被西班牙政府以道德劝说的方式"邀请"认购了股权。这些股东以及另外五家保险公司还认购了约36亿欧元的次级债券。然后，SAREB利用这些资金和由西班牙政府支持的510亿欧元债券发行所募资金从储蓄银行收购资产。其所购得的资产包括重新回收房地产（repressessed properties）（110亿欧元）、按揭贷款（400亿欧元）和一些无担保的不良贷款（19亿欧元）。

然而，SAREB的财务结构并不平衡。由于它的所有资产明显存在问题，并且购买价格高于市场价格，因此它们只能产生无效回报并且显然难以变现，所以最好将负债（特别是由SAREB发行的政府支持债券）的利率与资产回报挂钩。而SAREB债券最初的利率等于与欧元银行间同业拆借利率（EURIBOR）加上利差，在发行时为1.24%~2.96%。对于购买者而言，一个潜在好处是债券可以拿到欧洲央行进行再贴现。

SAREB的资产也非常特殊。

首先，从储蓄银行收购的不动产和债权在购买之时（2012年底、2013年初）并没有以市值进行确认，而是按照奥纬咨询计算的"平均价格"进行确认的，奥纬咨询是基于"三巨头"提议被聘用的。这意味着最好的资产被低估了，而最坏的资产被高估了。这种资产计量的方式意味着必须在第一年为所有高估资产计提拨备。在这种情况下，SAREB向西班牙会计和审计协会（ICAC）申请一项特别豁免，并最终获得了西班牙银行的批准。因此，SAREB所应用的独特的会计规则允许其在每年年底可不对其资产损失进行确认，而是将其与基于外部估值计算出的其他资产的潜在理论收益视为相互抵消。此外，新的会计规则还允许SAREB大幅提高其资产账面价值，但这将使出售这些资产的难度加大。2013年5月，SAREB签署了一项互换合约，以对冲欧元银行间同业拆借利率（EURIBOR）的可能上升带来的风险。这是迄今为止欧洲最大的金融衍生品安排。有四家银行参与了此次互换，其中两家为SAREB的重要股东。然而，该合约带来的损失（2016年12月为19.9亿欧元）到目前为止已开始侵蚀SAREB的初始资本，SAREB不得不将其发行的全部次级债券（21.7亿欧元）进行减记，并对其中的一部分进行债务重组。

其次，SAREB是应国际货币基金组织的要求在当时匆忙设立的，这使得其所收购资产中的一部分可能未被正确识别和记录。因此，这些资产必须要在令人疲倦的规范化工作完成之后才能被出售和清算。

总体来看，截至2016年底，SAREB的资产总价值为440.9亿欧元，低于其负债总价值467.5亿欧元。到2017年底，SAREB成功完成了对其四分之一的资产的清理——这可能是最好的四分之一。也就是说，剩余的有待清理的四分之三可能是质量最差的。今后，资产清理可能带来的任何损失，都将进一步加大其经营损失（源于SAREB资产的非生产属性）以及巨额成本（主要包括日常开支和行政开支维护成本、重大营销成本以及由坏账银行的财务结构导致的利息和费用）。这一前景与SAREB成立时所预期的14%的年回报率形成了鲜明对比。

就SAREB对被重组的储蓄银行的影响而言，SAREB为储蓄银行资产支付的购买价格是按照账面净值与所谓的长期价值之间的平均值计算的，这意味着储蓄银行仍存在未确认的亏损。

10. 西班牙大众银行（Banco Popular）

最近发生的西班牙大众银行（Banco Popular）倒闭事件值得被特别提及，这是新成立的欧洲银行业联盟机制所处置的第一个案例。鉴于此案至今仍迷雾重重，本文仅对其主要事件进行简要介绍，并在此基础上提出一些相关问题。

多年来，西班牙大众银行一直是全球盈利能力最强的银行之一。事实上，直到21世纪初，它都一直被广泛地奉为业内典范。在从20世纪80年代以来的大约35年间，普华永道一直为其提供审计服务。

与重要的高层人事变动同步，该银行在21世纪头十年后期开始快速增长。其进入房地产行业较晚，但无论是贷款规模还是风险偏好，均高于行业平均水平。事实上，它在那时似乎接手了一些其他银行希望退出的交易。

危机爆发后，大众银行在资产分类和损失拨备方面采取了相当宽松的政策，这可能是由于它无法立即拨出所需的全部数量。这种情况年复一年地持续下去。

2011年，市场风传大众银行在西班牙银行的鼓励下收购了帕斯塔银行（Banco Pastor）。鉴于目标银行的疲弱，这笔交易可能加剧了大众银行自身的脆弱状况。这无疑使监管变得更加复杂，并给两家银行的透明度都蒙上了阴影。然而，这笔交易为大众银行带来了非常可观的商誉（尽管非常可疑），该商誉被指定来弥补可能的和实际的亏损。

该银行还于2012年和2016年进行了两次增资，短短四年内从股东那里获得了约55亿欧元，尽管部分支出是由大众银行本身提供融资的。然而，大众银行仍持有大量未被减记或计提拨备的非生产性资产。这些资产造成了经常性的亏损和缓慢的资本减缩。这些损失持续侵蚀着该公司的资本和现金流，直到2017年大事件的发生。

2017年，大众银行诸事不祥。在任命了新的董事长后，大众银行于5月4日向西班牙国家证券市场委员会提交了第一季度财报，报告显示，其监管资本比例高于11%，商业前景非常乐观。这些数字并未受到外部审计师或任何级别的监管机构的质疑。

然而，就在一个月之后，该银行在单一解决机制（SRM）下被"处置"。在一夜之间对其总额约为30亿欧元的所有股份、CoCo债券和次级债券进行减值处理后，FROB将大众银行以1欧元的价格出售给了桑坦德银行（Banco Santander）。这一决定是在银行股价暴跌的情况下紧急做出的。股价暴跌可能是由不明操纵行为所诱发的，但可以肯定，市场不安以及各种来源的信息泄露导致的挤兑行为无疑起到了推波助澜的作用。挤兑加剧了大众银行的流动性问题，而这些问题的根源是日益严重的资本减缩。

虽然最终触发银行处置机制的是流动性不足，但最根本的原因是大众银行的资本在数年时间里已被逐渐侵蚀，尽管可能尚未全部耗尽。这是如何发生的呢？首先，任何分析师都难以理解银行经理人如何能够忍受其资产不断恶化而不采取任何措施，西班牙监管当局怎么可能没有发现这些问题并且没有采取积极有效的纠正措施，甚至，外部审计师多年来如何能够发布干净的报告……同样，人们还想知道，在欧洲银行业联盟下的全能的单一监管机制主管大众银行的近三年时间里，大众银行究竟受到了什么样的监管？更有甚者，所有这些事件都是被外部审计师（德勤）匆忙撰写的尚未披露的调查分析所证实的，而非由西班牙银行的监管人员所证实的，后者似乎完全被蒙在了鼓里。

11. 纳税人的成本

2017年9月，西班牙银行发布了最近为危机处置所投入的政府援助的相关公告。公告明确，公共救助支付了总额为643亿欧元的资金，其中三分之二是政府向FROB提供的直接援助，三分之一是西班牙存款担保基金（FGD）提供的援助（最终来自金融业本身）。

与此同时，资产保护计划（APS）为储蓄银行的收购方可能出现的大部分潜在损失提供了担保。这些担保在FROB和FGD之间进行分摊，其最终成本只有在所有相关交易结算后才能确定。

就对所有的SAREB债券发行提供的担保而言，目前，可能发生的损失共计409.3亿欧元，这可能给公共财政带来相当大的成本。

此外，西班牙政府还为递延所得税资产提供担保，最初总额为440亿欧元，但需付费。大多数被担保（或货币化）的递延所得税资产由资不抵债的机构发生的税收损失组成，因此，这实际上是以财政收入减少为代价的免税。纳税人为这种援助付出的成本可以通过从政府可能追回的款项中扣除授予的援助金额来计算。政府可能追回的款项包括未来出售其政府持有的诸如班基亚银行等实体全部或部分股份所得收益，FROB持股机构的派息，SAREB购买的不良房地产资产，政府对递延所得税资产、重组金融机构发行的债务以及SAREB债券提供担保所获得的费用收入。因此，在这些业务结算前，无法计算纳税人最终的净成本，但可预见的是，成本将会很大。实际上，政府将从重组后的扭亏为盈的金融机构获得的企业所得税也应予以考虑。

无论最终结果如何，很明显，西班牙政府对危机的处置给纳税人造成的代价非常高昂，对金融体系本身也是如此（通过存款担保基金），尽管程度较轻。实际付出的成本显然比当局采取迅速和有效的早期行动所需的成本高得多。此外，以上这些援助授予是为了对接管机构所承担的损失以及管理和重组过程的负担作出补偿。不幸的是，纳税人不得不为储蓄银行的重组付出了巨大代价，鉴于此，欧盟最近的立法规定了内部纾困机制，指定由问题银行的股东和债权人而不是政府为救助埋单。这一机制旨在防止私营部门的问题蔓延到公共部门。尽管可能在市场上引发一些问题，但这一新机制还是被寄予厚望。私营部门也被要求为救助付出代价，这是通过存款担保基金实现的，存款担保基金被利用的程度取决于可适用的法律和具体情况。

关闭失去偿债能力的金融机构是否应被视为最理想的选项？从班基亚银行案和其他储蓄银行的案例中可以看出，关闭会导致全国范围内的崩溃：支付系统将遭到破坏，进而整体经济和就业将受到波及。

稍稍偏题一下：哪些监管者对其金融体系的拯救与对救助资金的回收最为成功呢？答案是，是那些及时注入大量财政资金进行重组以确保问题得到彻底解决的监管者，美国的情况即是适例。有鉴于此，我们可能需要对以下问题进行重新思考：动用财政进行救助是否应一概被视为禁忌？让政府与其他机制一道有效参与救援是一种更好的选择吗？不完善的处置方案几乎总是最昂贵的。因此，对所有危机后制定的存在问题的立法，单一监管机制当前提供的不均衡的监管，以及欧洲银行业联盟下的尚未成熟的处置机制进行再思考，或许是明智之举。

12. 当前的情况（更新至 2017 年 12 月）

危机爆发十年后，金融体系总体上得到了明显改善。所取得的成就如下：过去臃肿不堪的金融体系的银行分支机构和雇员数量被成功地减少了三分之一以上（这与泡沫期间膨胀的幅度大致相同）。总体来看，失去偿付能力的储蓄银行合并后成立的新银行被更具偿付能力、管理水平更高的组织所收购。与此同时，幸存的储蓄银行大部分变成了具有成熟商业模式的银行，其自身已不从事任何银行业务，而只作为这些新设银行的少数股东存在。因此，现在只剩下限制其作为银行股东的影响力的问题了。地方政府和非专业董事的政治影响力也有大幅回落。

然而，金融体系仍存在许多问题，它们是导致当前金融业盈利能力低下的根源：银行资产负债表上仍存在大量不良资产，这不仅会阻碍正向现金流的产生，而且将引发额外的当期亏损。这是导致当前整个金融业资产回报率较低的症结所在。欧洲央行的货币政策使利率维持在较低的水平。信贷总量在危机最严重年份里缩减了三分之二，目前仍低于危机前水平。尽管机构合并和当前如火如荼中的数字化浪潮使效率得以提升，但盈利已然受损，并将在未来持续受损，尤其是对于较大的组织而言。

大环境的不稳定也将进一步影响投资回报。在欧洲央行持续的政策激励下，市场流动性过剩，利率非常低，这使管理人员的判断力受到影响，风险意识变得模糊。这也是催生泡沫的主要原因（泡沫终将破裂），也导致银行倾向于进入高风险业务领域。美国宣布放松管制可能会迫使欧洲银行业为了保持竞争力而走上类似道路。此外，不受监管的银行业务（影子银行业务和网络银行业务）还在持续抢占传统零售银行业务的地盘。这些问题的大背景是，起初被视为"万灵药"的欧洲银行业联盟（拥有单一监管机制和单一处置机制双支柱）缺乏任何担保计划。此外，尽管新的欧洲银行监管法规要求银行拥有更多的资本，但它却在很大程度上忽视了定量监管以及对银行资产负债表及时进行预防性重组。最后，会计准则和审慎规则之间的分歧也将造成混乱，并且可能同时对审计师和监管者的工作造成阻碍。综上所述，全球已进入一个新的时期：一些关键的战略领域呈现出强烈的地缘政治不稳定性，无论是在国际上，还是在一些国家的内部。

13. 结论

巨型机构的合并会导致"大而不倒"、难以管理、监管以及事实上无法进行处置的系统重要性银行的诞生，从而给金融体系带来严重危害。因此，其并非解决金融业问题的推荐选项。

若我们能够戒骄戒躁，将重组进程进行到底，加强信贷管理，积极寻求进一步提高效率和鼓励增加市场透明度，并在已经取得的积极成果基础上乘胜追击，那么，我们就可以更加乐观地看待金融体系的未来。